本书系西南大学中央高校基本科研业务费专项资金创新团队项目"新时代公共文化服务均等化研究"（项目批准号：SWU1909101）、西南大学中央高校基本科研业务费专项资金博士启动项目"教育巩固脱贫成效的效果评价与政策创新研究"（项目批准号：SWU1909775）的阶段性研究成果。

公共政策与公共文化治理丛书

贫困地区 基本公共文化服务 均等化研究

吴 江　李梦竹　宋 颖　著

西南师范大学出版社

国家一级出版社　全国百佳图书出版单位

图书在版编目(CIP)数据

贫困地区基本公共文化服务均等化研究 / 吴江,李梦竹,宋颖著. — 重庆:西南师范大学出版社,2020.12

(公共政策与公共文化治理丛书)

ISBN 978-7-5697-0610-9

Ⅰ.①贫… Ⅱ.①吴… ②李… ③宋… Ⅲ.①贫困区—公共管理—文化工作—研究—中国 Ⅳ.①G123

中国版本图书馆CIP数据核字(2020)第264621号

贫困地区基本公共文化服务均等化研究
PINKUN DIQU JIBEN GONGGONG WENHUA FUWU
JUNDENGHUA YANJIU

吴 江 李梦竹 宋 颖 著

责任编辑:段小佳

责任校对:张昊越

装帧设计:观止堂_ 未泯

排　　版:瞿　勤

出版发行　西南师范大学出版社

　　　　　网址:http://www.xscbs.com

　　　　　地址:重庆市北碚区天生路1号

　　　　　市场营销部:023-68868624

　　　　　邮编:400715

印　　刷　重庆共创印务有限公司

幅面尺寸:160mm×235mm

印　　张:14.5

字　　数:216千字

版　　次:2020年12月　第1版

印　　次:2020年12月　第1次印刷

书　　号:ISBN 978-7-5697-0610-9

定　　价:58.00元

目　录

附 录

图目录

表目录

第一章

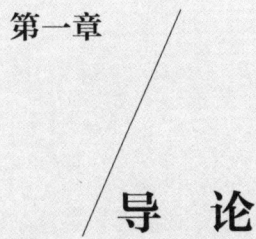

导　论

深入贯彻落实习近平总书记关于公共文化服务的重要论述精神，必须坚持"政府主导、社会参与、重心下移、共建共享"的方针，推动基本公共文化服务标准化、均等化。现阶段，实现基本公共文化服务均等化的一个难点在于如何解决贫困地区的基本公共文化服务问题[①]。

贫困地区由于经济社会发展的落后，在基本公共文化建设上起点低、基础设施薄弱、投入相对不足，与发达地区的差距在不断扩大之中。因此，基本公共文化服务均等化的实现，首先要加快贫困地区基本公共文化服务的发展，实现贫困地区基本公共文化服务均等化。特别是在当前扶贫攻坚的决胜阶段和乡村振兴建设的热潮期，探讨如何推动贫困地区基本公共文化服务均等化，既是服务脱贫攻坚大局、构建现代公共文化服务体系的重要任务，也是统筹城乡区域文化一体化发展、维护国家文化安全、保障人民群众基本文化权益、促进全体人民共享文化改革发展成果的重大举措，更是全面建成小康社会、满足人民日益增长的美好生活需要的题中之义。

基于此，本章在明确研究背景和研究意义的基础上，采用文献研究、调查研究、实地研究等方法提出了本研究的假设，并根据研究对象的特性，构建具体的研究思路与基本框架，设计本研究的主要内容，探寻研究的创新点，从而为贫困地区基本公共文化服务均等化奠定研究起点与逻辑基础。

第一节　研究背景与意义

充分认识研究的背景，有利于我们了解研究对象所处的境况；准确把

---

① 王毅,柯平,孙慧云,刘子慧.国家级贫困县基本公共文化服务均等化发展策略研究——基于图书馆和文化馆评估结果的分析[J].国家图书馆学刊,2017(05):19-31.

握研究的意义,可以为问题的研究提供指导。

一、研究背景

(一)公共文化服务体系建设是满足人民日益增长的美好生活需要的根本途径

习近平总书记在党的十九大报告中指出,"经过长期努力,中国特色社会主义进入了新时代,这是我国发展新的历史方位"。[①]新时代的历史定位是中国共产党在科学分析我国经济社会发展的总体环境和基本态势基础上做出的科学论断,对我国未来一段时间内经济社会的发展将起到根本性的指导作用。与此同时,它也包含着关于我国社会矛盾出现变化的唯物主义哲学观念,即在中国特色社会主义新时代,"我国社会主要矛盾已经转化为人民日益增长的美好生活需要和不平衡不充分的发展之间的矛盾"[②]。

文化创造美好,美好需要文化。面对人民日益增长的美好文化需要,加快公共文化服务体系建设、促进文化事业产业发展、彰显社会主义文化自信、提升中华民族文化影响力,是满足居民更高质量、更广范围、更深层次的精神文化需求的根本途径。

党的十八大以来,公共文化服务体系建设得到了党中央和国务院的高度重视。2013年1月14日,文化部发布了《文化部"十二五"时期公共文化服务体系建设实施纲要》,对这一时期的公共文化服务体系建设做出了整体部署。2015年,中共中央办公厅和国务院办公厅联合发布了《关于加快构建现代公共文化服务体系的意见》,提出了公共文化服务体系建设目标是"到2020年,基本建成覆盖城乡、便捷高效、保基本、促公平的现代公共文化服务体系……基本公共文化服务均等化水平稳步提高"。2019年2月19日,国家发展改革委、中央宣传部、教育部、工业和信息化

[①]习近平.决胜全面建成小康社会夺取新时代中国特色社会主义伟大胜利——在中国共产党第十九次全国代表大会上的报告[J].党建,2017(11):15-34.

[②]习近平.决胜全面建成小康社会夺取新时代中国特色社会主义伟大胜利——在中国共产党第十九次全国代表大会上的报告[J].党建,2017(11):15-34.

部、民政部、财政部等18个部委联合发布了《加大力度推动社会领域公共服务补短板强弱项提质量促进形成强大国内市场的行动方案》,在对基本公共服务进行整体布局的同时,再一次提到2020年的目标之一是现代公共文化服务体系基本建成,并明确了推动基本公共文化服务均等化的行动任务。[①]

因此,在新时代,推动公共文化服务体系建设和实现公共文化服务的均等化已经成为党和政府的重要战略布局。在这样的大背景下,本研究探讨基本公共文化服务体系建设和均等化的实现,正当其时。

(二)贫困地区基本公共文化服务均等化是服务脱贫攻坚大局,缩小贫富差距的现实所需

消除贫困、改善民生、逐步实现共同富裕,是社会主义的本质要求,也是党和国家的重要使命。2015年11月29日《中共中央　国务院关于打赢脱贫攻坚战的决定》中指出,到2020年,稳定实现农村贫困人口不愁吃、不愁穿,义务教育、基本医疗和住房安全有保障。实现贫困地区农民人均可支配收入增长幅度高于全国平均水平,基本公共服务主要领域指标接近全国平均水平。确保我国现行标准下农村贫困人口实现脱贫,贫困县全部摘帽,解决区域性整体贫困。[②]

随着脱贫攻坚战略的有力推进,公共文化服务体系在践行文化脱贫中的效应日益凸显,逐渐受到党和国家的关注与重视。2013年1月14日,文化部发布了《文化部"十二五"时期公共文化服务体系建设实施纲要》,强调"深入实施文化援助帮扶计划。加大对革命老区、民族地区、边疆地区、贫困地区公共文化服务体系建设支持和帮扶力度"[③]。2015年,《"十三五"时期贫困地区公共文化服务体系建设规划纲要》发布,进一步

---

①国家发展改革委、中央宣传部、教育部、工业和信息化部、民政部、财政部、人力资源社会保障部、自然资源部、住房城乡建设部、农业农村部、商务部、文化和旅游部、国家卫生健康委、广电总局、体育总局、国家文物局、国家中医药局、中国残联.加大力度推动社会领域公共服务补短板强弱项提质量促进形成强大国内市场的行动方案[Z].2019-02-19.
②中共中央、国务院.中共中央国务院关于打赢脱贫攻坚战的决定[Z].2015-11-29.
③文化部.文化部"十二五"时期公共文化服务体系建设实施纲要[Z].2013-01-14.

提到规划的目标在于"到2020年,贫困地区公共文化服务能力和水平有明显改善,群众基本文化权益得到有效保障,基本公共文化服务主要指标接近全国平均水平,扭转发展差距扩大趋势,公共文化在提高贫困地区群众科学文化素质、促进当地经济社会全面发展方面发挥更大作用"①。2017年5月25日,文化部发布的《"十三五"时期文化扶贫工作实施方案》,更是明确指出要以革命老区、民族地区、边疆地区和集中连片特困地区为重点,推动贫困地区现代公共文化服务体系基本建成。②因此,可以说,当前贫困地区的基本公共文化建设已经成为扶贫开发中的重点工程。但受历史条件的制约,贫困地区基本公共文化服务体系建设起点低、基础差、投入不足,基本公共文化服务水平总体不高,在设施建设、管理运行、人才队伍建设、服务效能提升等方面,与发达地区的差距仍在持续扩大。"十三五"时期加快推进贫困地区基本公共文化服务体系建设,不仅能满足人民的精神需求及对美好生活的需要,还能促进城乡间、区域间的均衡发展。因此,以贫困地区为研究对象,探讨贫困地区基本公共文化服务均等化的实现,不仅是统筹城乡区域文化发展、维护国家文化安全、保障人民群众基本文化权益、促进全体人民共享文化改革发展成果、满足人民日益增长的美好生活需要的题中应有之义,还是服务脱贫攻坚大局、缩小贫富差距的现实所需。

二、研究意义

(一)理论意义

从理论意义上讲,国内有关基本公共文化服务的研究相对于其他传统的公共服务研究起步较晚,自2003年以来,基本公共文化服务方面的研究才逐渐兴起。2008年以后,学者对此方面的研究持续增多并形成系统。本研究聚焦贫困地区,以如何实现基本公共文化服务均等化作为研

①文化部、国家发展改革委、国家民委、财政部、新闻出版广电局、体育总局、国务院扶贫办."十二五"时期贫困地区公共文化服务体系建设规划纲要[Z].2015-12-09.

②文化部、国家发展改革委、国家民委、财政部、新闻出版广电局、体育总局、国务院扶贫办."十三五"时期贫困地区公共文化服务体系建设规划纲要[Z].2015-12-09.

究核心要点与关键问题,通过对公共文化服务、公共文化服务均等化等核心概念的界定,在厘清公共文化服务概念与范围的基础上,以定量的方法对公共文化服务均等化现状进行分析,不仅有助于从更广的维度阐释习近平新时代扶贫开发思想,还可以更好地揭示贫困地区脱贫攻坚与实现基本公共文化服务均等化发展的内在逻辑关联,有助于拓展人们对均等化的认识,推动公平理论内涵的深化与完善。

(二)实践价值

就实践价值而言,本研究通过界定基本公共文化服务均等化,构建贫困地区基本公共文化服务均等化评价指标体系和评价方法体系,透视贫困地区公共文化服务发展滞后的主要矛盾与根本原因,判识我国基本公共文化服务均等化的发展趋势,创新基本公共文化服务均等化发展制度体系等,不仅能够有效发挥基本公共文化服务体系在"文化脱贫"上的功能,为打赢脱贫攻坚战、实现2020年全面建成小康社会提供切实可行的政策、贡献具体方案,还能够推动基本公共文化服务体系的发展和基本公共文化服务体系均等化的实现,为贫困地区各级政府部门在制定和执行基本公共文化服务均等化政策时提供借鉴和参考,对研究全国或其他区域的基本公共文化服务均等化问题有启发意义。

第二节 研究假设与方法

研究假设是开展研究的逻辑起点,大胆且合理的研究假设为研究思路和内容的构建提供重要的引导。研究方法作为科学研究的工具与手段,是保证研究科学性与可行性的基础。

一、研究假设

本研究主要着眼于贫困地区基本公共文化服务发展现状、贫困地区基本公共文化服务均等化政策演进历程、贫困地区基本公共文化服务均等化评价等方面的分析,其研究假设如下:

假设1:我国基本公共文化服务发展存在地域上的差异,总体上发展水平呈现"东高西低"的格局。该格局的形成受到经济、政治、历史发展等多重因素相互作用影响。

假设2:贫困地区群众对现有的基本公共文化服务的总体满意度不高,现有的基本公共文化服务仍存在供给不够精准等问题,无法充分满足人民日益增长的文化需求。

假设3:公众参与度是影响贫困地区基本公共文化服务质量的重要因素之一。公众参与度与基本公共文化服务质量呈正相关。

二、研究方法

本研究在查阅国内外相关研究文献的基础上,综合运用了文献研究、调查研究、实地研究、实证分析、归纳与演绎分析的方法。具体来看:

1. 文献研究法。文献研究法主要指搜集、鉴别、整理文献,并通过对文献的研究形成对事实的科学认识的方法。本研究在查阅国内外相关研究文献的基础上,梳理相关理论研究成果和政策文本,厘清新时代贫困地区基本公共文化服务政策特点,对有关文献进行分析整理,依据现有的理论、事实和需要,提出假设,夯实本研究的理论和政策基础。

2. 调查研究法。调查研究法是指通过考察了解客观情况直接获取有关材料,并对这些材料进行分析的研究方法。调查研究法一般通过抽样的基本方式,多以个体为分析单位,通过问卷、结构性访问等方法了解调查对象的有关情况,加以分析来开展研究。本研究主要采取问卷调查与结构性访问两种方法,调查掌握贫困地区基本公共文化服务投入、产出、效率、效能等方面的实际水平,为实证分析提供数据与资料。

3. 实地研究法。实地研究法是一种深入到研究对象的生活背景中,以观察和无结构访谈的方式收集资料,并通过对这些资料的定性分析来理解和解释现象的社会研究方式。本研究主要采取访谈法与观察法,通过对贫困地区的走访、座谈与观察,获取相关资料,对该类地区基本公共文化服务体系的建设进行全方位的了解。

4.实证分析法。实证研究方法有广义和狭义之分。广义的实证研究方法泛指所有经验型研究方法,如调查研究法、实地研究法、统计分析法等。狭义的实证研究方法是指利用统计和计量分析方法,对数据信息进行数量分析,考察各有关因素的相互影响及其影响方式的研究方法。本研究所指的实证分析法是指狭义上的实证分析法。实证分析法作为社会科学研究方法之一,着眼于当前社会或学科现实,通过事例和经验等从理论上推理说明。本研究依靠 EVIEWS、STATA、SPSS 等软件运用计量检验和对比分析法对贫困地区基本公共文化服务均等化水平进行定量评价,以求把握贫困地区基本公共文化服务均等化的现状。

5.归纳与演绎分析。归纳是演绎的基础,演绎是归纳的前导。归纳后进行演绎,使归纳出的认识成果得到扩大和加深;演绎后进行归纳,用对实际材料的归纳来验证和丰富演绎出的结论,从归纳到演绎再到归纳是认识不断上升的过程。本书通过对政策文本、典型案例、实证结果归纳提炼贫困地区基本公共文化服务均等化发展的主要成绩、经验、问题,找准提升贫困地区基本公共文化服务均等化水平的对策。

第三节　研究思路与内容

研究思路是对研究过程的设计与规划。研究内容是在理论假设和研究目标的基础上,将研究思路具体化的过程。研究思路与内容的确定,有利于明确研究的整体框架,在逻辑上建立各部分内容的逻辑关联。

一、研究思路

本书的研究思路是:通过深入考察贫困地区基本公共文化服务均等化的客观现实与归纳既有的研究成果,在厘清基本公共文化服务均等化概念的基础上,以公平正义论、公共产品理论、新公共管理理论、财政分权理论为指导,选取重庆、湖南、宁夏、黑龙江四个省区市的贫困地区基本公共文化均等化政策进行梳理,依据从国家到地方、由大格局到小视阈的原则,逐层分析,提炼四个省区市基本公共文化服务均等化发展取得的成效及经验,以此确立研究的逻辑起点与分析基点。运用计量经济学的方法对四个省区市的贫困地区基本公共文化服务均等化进行评估,分析贫困地区基本公共文化服务均等化存在的问题,在此基础上,力求揭示出中国贫困地区基本公共文化服务均等化的内在的矛盾以及未来的发展趋势,并提出相应的对策建议,最后得出结论并进行研究展望。本研究的技术路线图可概括为图1-1。

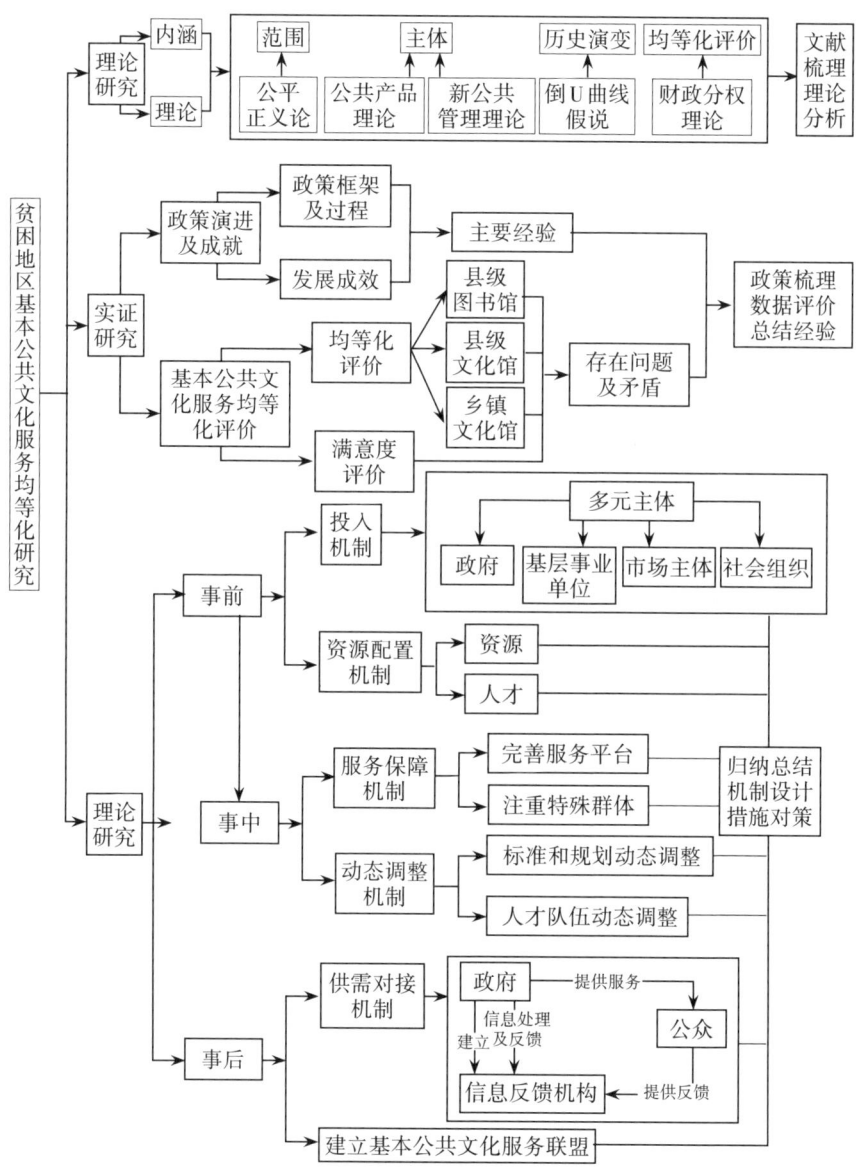

图 1-1　技术路线图

二、研究内容

本研究紧密围绕"贫困地区基本公共文化服务体系均等化"这一主题,设计了以下研究内容:

第一章导论。本章首先分析了研究的背景和意义。其次,对研究假设进行了说明,并对本研究所采用的研究方法做了较为详尽的阐释。第三,对本研究的研究思路和研究内容进行了设计。第四,明确指出了本文的研究对象,详细说明了资料选取思路。第五,提出了本研究主要的创新点。

第二章文献回顾。本章的主要任务是厘清国内外基本公共文化服务均等化的研究进展。主要从基本公共文化服务均等化的概念、贫困地区基本公共文化服务均等化的相关研究等方面分析梳理,并对贫困地区基本公共文化服务均等化研究现状进行简要述评,指明了本研究的立足点。

第三章概念界定与理论基础。首先,明确界定本研究的核心概念。其次,回顾与总结本研究的理论基础,包括公平正义论、公共产品理论、新公共管理理论、财政分权理论,探讨这些理论对基本共文化服务均等化的指导作用,夯实本研究的理论基础。

第四章贫困地区基本公共文化服务均等化政策演进及发展成效。分别基于国家以及地方层面基本公共文化服务均等化政策,明晰了贫困地区基本公共文化服务均等化政策的框架及其演变进程,厘清新时代贫困地区基本公共文化服务政策特点,归纳其取得的实施成效,总结其实施的经验,夯实本研究的政策基础。

第五章贫困地区基本公共文化服务均等化现状与评价。首先,基于统计年鉴数据描绘了当前贫困地区基本公共文化的服务的服务状况,包括机构数量、从业人员与经费收支等情况。其次,采用层次分析法、Z-Score技术及数据包络分析法等定量方法,对贫困地区公共文化服务均等化水平做出了客观评价。再者,结合课题组自编调查问卷,对贫困地区公共文化服务群众满意度情况进行了分析。最后,依据调研及数据分析情况,揭示贫困地区基本公共文化服务均等化存在的问题,夯实本研究的事实基础。

第六章贫困地区基本公共文化服务均等化的主要矛盾与趋势研判。主要以课题组对重庆、湖南、宁夏、黑龙江四个省区市贫困地区基本公共文化服务均等化的调研情况为基础,全面客观地揭示了其在实现基本公共文化服务均等化方面面临的主要矛盾,并对未来其基本的发展趋势做出了研判。

第七章贫困地区基本公共文化服务均等化的对策建议。基于贫困地区基本公共文化服务均等化的理论内涵,结合贫困地区推进基本公共文化服务均等化的经验,在深刻把握重庆、湖南、宁夏、黑龙江四个省区市实际情况的基础上,提出了促进贫困地区基本公共文化服务均等化的对策建议。

第八章研究结论与研究展望。首先揭示了本研究的发现和得到的研究结论。其次,基于研究的主题,结合当前新时代的背景,展望了贫困地区基本公共文化服务均等化的趋势,指出了本研究今后将努力的方向。

第四节　研究对象与资料选取

为了实现本研究的目的,必须科学确定研究对象,并围绕研究对象收集相关的资料。

一、研究对象

"贫困地区"本身是一个较为模糊的概念。要实现对其的充分认知要从贫困的定义出发来进行界定①。就贫困的内涵来说,随着经济社会的发展变迁,人们对贫困的认识也随之变化,贫困的内涵也有所不同。在早

①沈红.中国贫困研究的社会学评述[J].社会学研究,2000(02):91-103.

期,主要是从物质层面来界定贫困,认为贫困是指经济或物质资料的匮乏。之后,又逐渐认识到物质资料的相对不足状况,从而提出了相对收入贫困的概念。然而,在我国当前主流的话语体系中,对贫困的认识主要局限在绝对收入贫困上,扶贫主要是为了解决贫困人口的生存性问题,因此我国扶贫政策话语体系主要是针对绝对贫困问题的治理。但要注意到,随着2020年全面建成小康社会的实现,我国的绝对贫困问题已经基本得到解决,相对贫困则将逐渐进入人们的视野。

尽管对贫困的解读已经形成了较为统一的标准,但针对"贫困地区"的标准则经历了一个逐渐变化的过程。早在1984年的中共中央、国务院《关于帮助贫困地区尽快改变面貌的通知》中首次提到了"连片贫困地区"。1988年,国家确定连片贫困地区18个,2011年《中国农村扶贫开发纲要(2011—2020年)》将集中连片贫困地区调整为14个(六盘山区、秦巴山区、武陵山区、乌蒙山区、滇桂黔石漠化区、滇西边境山区、大兴安岭南麓山区、燕山—太行山区、吕梁山区、大别山区、罗霄山区区域的连片特困地区和已明确实施特殊政策的西藏、四川省藏区、新疆南疆三地州),由此确立了当前我国扶贫攻坚的主要战场和重点区域。本研究将研究对象锁定为集中连片特困地区中具有代表性的国家级贫困县和个别省级贫困县。当前,国家级贫困县主要集中在中西部地区,且大多集中于革命老区、少数民族地区、边疆地区和欠发达地区(通常合称为"老少边穷"地区)。本研究按照研究的合理性与可行性原则相结合的办法,选取了我国东中西部较有代表性的四个省份的八个贫困县(区)作为观察点,运用系统理论和方法对从观察点上搜集到的资料进行解剖研究。这四个省份包括:东部的黑龙江省、中部的湖南省、西部的重庆市和宁夏回族自治区。从四个省份中分别各选取两个较有代表性的贫困县(区)作为具体研究对象,所选取的贫困县(区)均属于国家扶贫开发工作重点县或集中连片特困地区县。

重庆市下辖26个区、8个县、4个自治县;204个街道、611个镇、193个乡、14个民族乡。其中有9个国家级贫困县,分别是城口县、开州区①、云

①2018年2月,开州区通过国家专项评估检查,由重庆市人民政府正式批准退出贫困县。

阳县①、奉节县②、巫山县③、巫溪县、石柱县④、酉阳县、彭水县。本研究选取的是武陵山区国家级贫困县石柱县和市级贫困县丰都县⑤两个对象。石柱土家族自治县(简称石柱县)位于重庆市东部、长江南岸、三峡库区腹心地带,是三峡库区唯一的少数民族自治县,以土家族为主,另有汉族、苗族、独龙族等民族,共29个民族,具有多民族贫困地区代表性。石柱县是"中国民间文化艺术之乡"、全国绿化模范县、"中国黄连之乡"、"中国辣椒之乡"、全国最大的莼菜生产基地和国家全域旅游创建示范区县。丰都县位于长江上游地区、重庆东部,地处三峡库区腹心,丰都县旅游资源以自然景观和人文景观为主,主要有丰都名山(国家级风景名胜区)、双桂山(国家级森林公园)、鬼国神宫(中国最大的动态人文景观)、鬼王石刻(中国最大摩崖石刻造像)等著名景观。

湖南省下辖13个地级市、1个自治州。其中国家级贫困县20个,分别是邵阳县、隆回县、城步县、平江县⑥、桑植县、安化县⑦、汝城县⑧、桂东县⑨、新田县、江华县⑩、沅陵县、通道县、新化县、泸溪县、凤凰县、花垣县、保靖县、古丈县、永顺县、龙山县。本研究选取的是武陵山区花垣县、保靖县两个国家级贫困县。花垣县隶属于湖南省湘西土家族苗族自治州,是革命老区、国家扶贫开发工作重点县。花垣县不仅拥有丰富的自然风光和人文景观,还是古朴神秘的"百里苗乡",苗语、苗画、苗族生成哲学等苗族文化古朴神秘,是"苗族巴岱艺术之乡""唢呐艺术之乡""苗山歌之乡""中国民间文化艺术之乡""中国苗绣织锦艺术之乡""全国蚩尤文化研究基地"。保靖县隶属于湖南省湘西土家族苗族自治州,境内酉水河是湘西

①2018年2月,云阳县通过国家专项评估检查,由重庆市人民政府正式批准退出贫困县。
②2019年4月,奉节县通过国家专项评估检查,由重庆市人民政府正式批准退出贫困县。
③2018年2月,巫山县通过国家专项评估检查,由重庆市人民政府正式批准退出贫困县。
④2019年4月,石柱县通过国家专项评估检查,由重庆市人民政府正式批准退出贫困县。
⑤2017年10月,丰都县通过国家专项评估检查,由重庆市人民政府正式批准退出贫困县。
⑥2018年2月,平江县通过国家专项评估检查,由湖南省人民政府正式批准退出贫困县。
⑦2019年3月,安化县通过国家专项评估检查,由湖南省人民政府正式批准退出贫困县。
⑧2018年2月,汝城县通过国家专项评估检查,由湖南省人民政府正式批准退出贫困县。
⑨2018年8月,桂东县通过国家专项评估检查,由湖南省人民政府正式批准退出贫困县。
⑩2019年3月,江华县通过国家专项评估检查,由湖南省人民政府正式批准退出贫困县。

最神秘、最具特色、最具旅游开发前景的母亲河,仅县城迁陵至里耶河段就有汉代四方城遗址、摩天石刻"天开文运"、江口红石林、陡滩民族风情、魏家寨西汉古城、里耶秦简等60余处景点。吕洞山、小寨沟、苗家边墙等其他景点也千姿百态、各有特色。

宁夏回族自治区下辖5个地级市,9个市辖区、2个县级市、11个县。其中有8个国家级贫困县,分别是盐池县①、同心县、原州区、海原县、西吉县、隆德县②、泾源县③、彭阳县④。本研究选取的是原州区、海原县两个国家级贫困县(区)。原州区地处宁夏南部,境内有汉、回、满、蒙、壮等20个民族,具有多民族地区的代表性。海原县位于宁夏回族自治区中南部,是集干旱山区、革命老区、回族聚居区为一体的农业人口大县,有丰富的文化底蕴,曾因"花儿剪纸"民间艺术获得文化部命名的"中国民间文化艺术之乡"。

黑龙江省共辖12个地级市、1个地区行署;有63个县(市),其中县级市19个。黑龙江省共有国家级贫困县14个,分别是延寿县、泰来县⑤、甘南县⑥、拜泉县、绥滨县⑦、饶河县⑧、林甸县、桦南县⑨、桦川县⑩、汤原县⑪、抚远市⑫、同江市⑬、兰西县⑭、海伦市。本研究选取了大兴安岭南麓山区拜泉县和兰西县两个国家级贫困县。拜泉县位于黑龙江省中部偏西,地理位置优越,属于非铁路沿线,境内共有公路2443.4千米,202国道贯穿全境,

①2018年9月,盐池县通过国家专项评估检查,由宁夏回族自治区人民政府正式批准退出贫困县。

②2019年4月,隆德县通过国家专项评估检查,由宁夏回族自治区人民政府正式批准退出贫困县。

③2019年4月,泾源县通过国家专项评估检查,由宁夏回族自治区人民政府正式批准退出贫困县。

④2019年4月,彭阳县通过国家专项评估检查,由宁夏回族自治区人民政府正式批准退出贫困县。

⑤2019年4月,泰来县通过国家专项评估检查,由黑龙江人民政府正式批准退出贫困县。

⑥2018年8月,甘南县通过国家专项评估检查,由黑龙江人民政府正式批准退出贫困县。

⑦2019年4月,绥滨县通过国家专项评估检查,由黑龙江人民政府正式批准退出贫困县。

⑧2018年8月,饶河县通过国家专项评估检查,由黑龙江人民政府正式批准退出贫困县。

⑨2019年4月,桦南县通过国家专项评估检查,由黑龙江人民政府正式批准退出贫困县。

⑩2019年4月,桦川县通过国家专项评估检查,由黑龙江人民政府正式批准退出贫困县。

⑪2019年4月,汤原县通过国家专项评估检查,由黑龙江人民政府正式批准退出贫困县。

⑫2018年8月,抚远市通过国家专项评估检查,由黑龙江人民政府正式批准退出贫困县。

⑬2019年4月,同江市通过国家专项评估检查,由黑龙江人民政府正式批准退出贫困县。

⑭2019年4月,兰西县通过国家专项评估检查,由黑龙江人民政府正式批准退出贫困县。

省道林泉公路、县道依拜公路、克拜公路、拜自公路、齐拜公路等主干线在县城交会,形成了四通八达的公路网。兰西,是哈北第一县,是"中国亚麻之乡""中国东北民猪之乡""中国亚麻纺编织名城""全国亚麻汽车坐垫生产基地县""全国纺织产业集群试点地区"。地处哈尔滨半小时经济圈强辐射区,是哈大齐工业走廊的重要节点城市,是黑龙江北部 17 个县市通往省城哈尔滨的交通枢纽。202 国道、305 省道、安兰路穿境而过。249 万亩耕地全部列入全省无公害农产品基地,30 万亩草原获批国家级草原自然保护区。

值得注意的是,在当前国家精准扶贫、精准脱贫的大背景下,本研究所选取的对象,如石柱、丰都、兰西已经退出贫困县。退出贫困县仅仅意味着绝对贫困问题得到解决,基本生活得到保障,但在更高层次上的相对贫困所涉及的许多深层次的社会矛盾将日益显现[1]。打赢脱贫攻坚战只是消除了绝对贫困,相对贫困将长期存在,减贫仍然是一项长期而艰巨的任务。2019 年 10 月,在《中共中央关于坚持和完善中国特色社会主义制度、推进国家治理体系和治理能力现代化若干重大问题的决定》中,也明确提到要建立解决相对贫困的长效机制。可见在新时代,随着我国社会主要矛盾已经转化为人民日益增长的美好生活需要和不平衡不充分的发展之间的矛盾,缩小城乡、区域、群体之间的贫富差距,解决相对贫困将成为今后需要着重解决的问题。

因此,本研究所选取的 8 个贫困县,从其地域特色来说,具有一定的多民族、文化资源丰富及地域上的代表性,从贫困特性来说,既有尚处于绝对贫困的国家级贫困县,也有已脱离绝对贫困,亟待解决相对贫困的地区。整体来看,本研究所选取的对象具有一定的科学性和合理性。基于此,本研究以其作为研究对象,考察其基本公共文化服务发展情况,探析目前贫困地区基本公共文化服务均等化存在的问题,提出促进贫困地区基本公共文化服务均等化的主要对策。

---

① 方珂,蒋卓余.消除绝对贫困与反贫困社会政策的转向[J].云南社会科学,2018(03):7-14+185.

二、资料选取

本研究旨在分析贫困地区基本公共文化服务均等化现状,提出促进贫困地区基本公共文化服务均等化的对策,为了更全面地收集研究对象相关资料,以形成对贫困地区基本公共文化服务均等化相关理论和实践问题的整体而全面的认识,本研究所使用的研究资料主要来自三个方面:

一是对黑龙江省、湖南省、重庆市和宁夏回族自治区四个省市区文本资料的收集整理。在文本资料的收集中,研究者主要搜集各相关机构、单位、部门的年度工作计划、日志、总结和政策性文件等文本资料。政策对贫困地区基本公共文化服务均等化具有引导作用,对政策文本的分析是进行贫困地区基本公共文化服务均等化研究的基础。2012年7月,国务院印发《国家基本公共服务体系"十二五"规划》,其中提到基本公共服务均等化,同时将公共文化服务列为基本公共服务的八大领域之一。2017年1月,国务院关于印发《"十三五"推进基本公共服务均等化规划》的通知,首次将基本公共服务均等化作为政策文本的标题,并提出推进基本公共服务均等化,是全面建成小康社会的应有之义,对于促进社会公平正义、增进人民福祉、增强全体人民在共建共享发展中的获得感、实现中华民族伟大复兴的中国梦,都具有十分重要的意义。此后,又在《"十三五"时期文化扶贫工作实施方案》《"十三五"时期公共数字文化建设规划》《国务院办公厅关于保持基础设施领域补短板力度的指导意见》《关于在文化领域推广政府和社会资本合作模式的指导意见》《加大力度推动社会领域公共服务补短板强弱项提质量促进形成强大国内市场的行动方案》等一系列文件中对基本公共文化服务做出了政策安排。各地政府也紧跟国家的脚步,出台了相关政策。研究者通过查询四个省市区的政府办公厅、文化委(厅)、财政厅等多个政府网站及实地访谈的方式收集基本公共文化服务均等化的相关政策文本,并从纵向视角梳理了基本公共文化服务均等化的层级框架及其演进过程,从横向视角挖掘了基本公共文化服务均等化政策内容。

二是利用现存统计资料。统计资料可以为研究提供客观的参考标准,以便进行横向的比较研究。本研究参考的统计资料包括国家统计局《中国统计年鉴(2013—2018)》;文化和旅游部主编的《中国文化文物统计年鉴(2013—2018)》;国家统计局社会科技和文化产业统计司与中宣部文化体制改革和发展办公室主编的《中国文化及相关产业统计年鉴(2013—2018)》;以及国家统计局农村经济社会调查司主编的《中国县域统计年鉴(2011—2018)》以及国家统计局网站上公布的有关数据。此外还有四个省份选取的各个县(区)统计局、县(区)文广新局、县(区)体育局、县(区)级图书馆、博物馆、文化馆、乡镇文化站和村社文化中心的统计资料。

三是实地调研。调研组在2017年7—8月组织师生分赴重庆、湖南、宁夏、黑龙江四个省份的八个贫困县(区)进行实地调查,分别暗访了重庆市石柱县、重庆市丰都县、湖南省湘西土家族苗族自治州花垣县、湖南省湘西土家族苗族自治州保靖县、宁夏回族自治区固原市原州区、宁夏回族自治区中卫市海原县和黑龙江省绥化市兰西县、黑龙江省齐齐哈尔市拜泉县8县(区)、16乡镇(街道)、32村(社区)的基层公共文化服务场所,包括县级图书馆8个、文化馆7个、博物馆4个、乡镇(街)文化站15个、村(社区)综合文化活动中心10个。结合县(区)实际,随机走访调研,共发放调查问卷1600份,回收问卷1569份,剔除不合格问卷后获得有效问卷1458份,问卷有效率达到92.93%。随后,调研组又分别在2018年、2019年采取了网络回访与电话调研等方式进行了补充调研,进一步完善了有关数据与资料。此外,2019年7—8月,调研组再次到重庆武隆、忠县、万州等区县进行了实地调查,这有助于对贫困地区与非贫困地区基本公共文化服务均等化进行比较与对照,以此更好地把握贫困地区基本公共服务状况。

第五节 研究的主要创新

围绕本研究的核心问题,本书的创新点主要体现在以下几个方面:

第一,厘清基本公共文化服务均等化的内涵及范围。目前国内针对基本公共文化服务的研究大多是将其列为基本公共服务中的一项,对基本公共文化服务进行专门深入的探讨还相对较少,对基本公共文化服务均等化的研究更是鲜少。本书试图在借鉴前人理论研究成果的基础上,进一步探究基本公共文化服务的范围,并对基本公共文化服务均等化的内涵进行了明晰。具体而言,本研究所指基本公共文化服务的范围包括基本服务项目、硬件设施、人员配备三个主要方面。本研究所指基本公共文化服务均等化,是指全体公民都能公平可及地获得大致均等的基本公共文化服务,其又可从三个维度进行细化,即基本公共文化设施的标准化、基本公共文化产品的便捷化、基本公共文化活动的普惠化。

第二,形成对贫困地区基本公共文化服务均等化的基本认识与趋势判断。通过对重庆、湖南、宁夏、黑龙江四个省区市的贫困地区基本公共文化服务均等化的调研,本研究对我国贫困地区基本公共文化服务均等化状况进行了深入探讨,发现整体上我国基本公共文化服务状况呈现"东高西低"态势,贫困地区公共文化服务的效能与发达地区存在较大差距,且贫困地区群众对基本公共文化服务的总体满意度不高。因此,促进贫困地区基本公共文化服务均等化,必须准确客观地把握贫困地区基本公共文化服务的发展趋势和方向,具体而言,体现为服务对象的诉求明显、需求多元,服务落脚点在于增强人民的获得感,服务方式是通过发展政府购买服务方式来强化社会参与,以此来把握其发展的规律性,从而寻求合理有效的对策措施。

第三,提出了实现贫困地区基本公共文化服务均等化的路径。本书通过对贫困地区基本公共文化服务均等化的现实状况调研,基于实地研究发现,提出了加快实现贫困地区基本公共文化服务均等化的具体路径,体现为要鼓励多元参与,壮大基本公共文化服务供给主体;要优化资源配置,提高基本公共文化服务供给效率;要强化服务保障,提升基本公共文化服务供给质量;要实施动态调整,提高基本公共文化服务供给标准;要构筑供需对接机制,改善基本公共文化服务供给结构;要探索区域联合,建立贫困地区基本公共文化服务联盟。

第二章

基本公共文化服
务均等化的文献
回顾

　　本章将从基本公共文化服务研究和基本公共文化服务均等化研究两个方面入手,逐层递进梳理现有研究,明晰本研究与既有研究之间的理论继承、补充与拓展关系,述评现有文献,夯实本研究的逻辑起点。

第一节　基本公共文化服务的研究进展

　　对基本公共文化服务概念和内涵进行回顾和总结,是研究贫困地区基本公共文化服务均等化发展的理论前提。

一、公共文化服务的概念

(一)文化

　　学界对文化的界定众说纷纭。“文化”一词最早在文化学中出现,但时至今日文化学对“文化”一词的阐释仍存争议。争论的主要焦点在于:究竟应该从物质还是精神的角度,是从个体还是群体与社会的角度去解释文化。《大英百科全书》将文化概念分为两类:第一类是“一般性”的定义,将文化等同于“总体的人类社会遗产”;第二类是“多元的相对的文化概念”,认为“文化是一种来源于历史的生活结构的体系,这种体系往往为集团的成员所共有”,它包括这一集团的“语言、传统、习惯和制度,包括有激励作用的思想、信仰和价值,以及它们在物质工具和制造工具中的体现”。国外学者对文化的定义众说纷纭。塞缪尔·亨廷顿(2002)将文化理解为一个社会中的价值观态度、信念以及人们普遍持有的见解。[1]美国学者克利福德·格尔茨将文化的概念主张为符号学的概念,认为文化是一些

---

①[美]塞缪尔·亨廷顿.文化的重要作用——价值观如何影响人类进步[M].北京:新华出版社,2002:3.

由人自己编织的意义之网。①约翰·哈特利（2008）在讨论"文化研究的谱系"时提出，文化专门研究边缘和边界，既包括话语性的，也包括社会性的，文化研究不允许任何形式的标准化，包括文化的定义，作为一个研究领域、文化研究的范围、适宜于完成其任务的方法、文化研究自身的历史等。②美国社会学家、人类学家本尼迪克特（2006）指出，文化本质上是各个文化特质相互联系整合成为协调一致的系统的结构状态。每一个人的行为都包容于文化整体之中，具有自身的社会价值趋向，并获得一定的文化意义。③国内学者对文化的界定也是说法不一。王国炎与汤忠钢（2003）认为，所谓文化，就是人类主体在存在的历史上和社会实践的活动中，持续外化、对象化自我的本质力量，去适应、利用、改造客体即自然、社会及人自身，同时又确证、丰富、发展自我本质的过程和成果。它是人与物、主体与客体、内化与外化的辩证统一。④王立阳（2012）提出"文化"是共同体（社会）的伴生物，其内涵非常丰富，涉及民众生活方式的方方面面。它包括表现符号（形式）和思想价值（内容）。⑤张义烈和朱力（2012）着重分析文化如何影响个体的行动逻辑与社会发展，认为文化可以理解为一个群体或社会所共有的价值观和意义体系，是理想信念、价值观念、生活习惯、行为方式的总和，它体现着整个社会的价值取向、文化水准和精神气质。⑥综上所述，不难看出，学界对文化的认知有几个普遍的共识：（1）由人类社会实践产生；（2）为人类社会所共有；（3）文化本身是无形的，但在人类自身实践过程中会通过外化为规章、制度、行为等有形的方式体现出来。

---

①[美]克利福德·格尔茨.文化的解释[M].韩莉,译,南京:译林出版社,2014:5.
②[澳]约翰·哈特利.文化研究简史[M].季广茂,译,北京:金城出版社,2008:14
③[美]露丝·本尼迪克特.文化模式[M].王炜等,译,北京:社会科学文献出版社,2009.
④王国炎,汤忠钢."文化"概念界说新论[J].南昌大学学报(人文社会科学版),2003(02):74
⑤王立阳.文化的生成——"保生大帝信俗"的个案研究[J].西南民族大学学报(人文社会科学版),2012,33(06):55-59.
⑥张义烈,朱力.和谐信访文化:概念、理念及其建构[J].学术探索,2012(01):105-108.

(二)服务

"服务"一词在《牛津现代英汉双解词典》的解释为：为他人或社会等提供帮助、助益的行为，就是对别人有意义。[①]由于学科背景的不同，学界对服务这一概念的理解和解释也是百花齐放。"服务"一词最早来源于经济学，最早可以追溯到"经济学之父"亚当·斯密(1776)从生产性劳动和非生产性劳动的视角对商品和服务进行界定。亚当·斯密认为，一个劳动加在一个物体上就可以增加其价值，另一种劳动却没有这种作用。前者由于它可以增加价值，可以称作生产性劳动，后者由于没有这种作用，可以称作非生产性劳动。[②]随后，中国管理学界也对服务给予了自己的定义，庄丽娟(2004)认为，服务是不同经济主体之间通过使用权的让渡获得运动形态的使用价值，并使服务消费者获得消失利益或满足感。并将服务的基本特征归纳为四点，即生产与消费同步性、无形性和不可感知性、差异性和质量不确定性、不可储存和无需运输性。[③]冯俊、张运来、崔正(2011)从服务产生的根源出发，建立了一个以服务行为为核心的多层次服务概念体系。他们认为服务行为是最根本的，是构成其他概念的核心和基础；每一个低层级概念是构成比它高一层级概念的基础，而且只有每一个低层级概念在高层级概念中占主导地位时，高层级概念才会产生。[④]

(三)公共服务

学界对"公共服务"并未形成统一的概念。著名经济学家 Paul A. Samuelson(1954)在《公共支出的纯理论》中从产品外部性的角度，对公共产品进行说明，并探讨了公共产品的非竞争性。James M. Buchanan(1965)提出了"俱乐部经济"理论，探讨介于公共产品和私人产品之间的第三种产品，即俱乐部产品。项继权(2008)提出，从理论和实践来看，人们对于公共产品及公共服务的认定可以从产品属性的角度来划分，即凡

---

①牛津现代英汉双解词典[M].牛津：牛津大学出版社,2003:1879.

②[英]亚当·斯密.国富论上册[M].谢祖钧,译,北京：中华书局,2012:294.

③庄丽娟.服务定义的研究线索和理论界定[J].中国流通经济,2004(09):43-44.

④冯俊,张运来,崔正.服务概念的多层次理解[J].北京工商大学学报(社会科学版),2011(02):111

是满足人们的公共需求、具有"公共品"性质的产品和服务就是公共产品和公共服务。[①]张启春(2009)认为,对公共服务概念的理解除了从公共品的属性进行解读外,还要基于市场失灵角度来界定,公共服务的公共品性质决定了它不可能完全由市场自发提供,需要由政府干预、出面来提供[②]。李剑和王妤(2009)认为公共服务是指政府为满足社会公共需要而提供的使社会成员公共受益的各项服务。从现象上看,政府提供的公共服务是指国防机构、政府部门、司法机关、事业单位等所有承担国家公共职能的部门和单位提供的各种服务的总称。从本质上分析,是指按照市场经济条件下理顺政府与市场关系的要求,政府及其所属部门和单位在弥补市场缺陷和纠正市场失灵过程中对公共产品、正外溢性产品和自然垄断产品的供给行为,或者说是政府及其所属部门和单位提供广义公共产品的行为。[③]曹爱军(2019)提出公共文化服务概念的界定应基于公共服务的内涵和外延,因此认为公共服务可以界定为公共部门(主要是政府)为满足社会公共需要、保障公民权利而进行的公共产品或服务的提供,它以人民福祉的增进和社会福利的改善为目的。[④]

(四)公共文化服务

公共文化服务作为公共服务的重要领域之一,学界也对其进行了充分的探讨。齐勇锋、李平凡(2012)认为公共文化服务是与经营性文化产业相对应的概念,即由政府提供或生产,以非营利性为目的,为全社会提供非竞争性、非排他性的公共文化产品和服务的政府行为。公共文化服务以满足公民的基本文化需要为目的,着眼于提高全体公民的文化生活水平和文化素质,既给公众提供基本的精神文化需求,同时也维持社会生存与发展所必需的文化生态环境。公共文化服务体系与市场化、产业化

①项继权.基本公共服务均等化:政策目标与制度保障[J].华中师范大学学报(人文社会科学版),2008(01):2-9.

②张启春.区域基本公共服务均等化与政府间转移支付[J].华中师范大学学报(人文社会科学版),2009(01):39-45.

③李剑,王妤.分类逐步推进基本公共服务均等化[J].企业经济,2009(06):106-108.

④曹爱军.当代中国公共服务的话语逻辑与概念阐释[J].吉首大学学报(社会科学版),2019(02):55-62.

的经营性文化产业共同构成国家文化建设的完整体系。①齐勇锋(2014)认为"公共文化服务是指由政府提供,以满足公民基本文化需要为目的,着眼于提高公众的文化生活水平和文化素质,既给公众提供基本的精神文化享受,同时维持社会生存与发展所必需的文化环境与条件的公共产品和服务的行为。"②张波(2015)认为公共文化服务是政府为实现国家的文化战略目标和履行自身的公共服务职能,运用公共权力调动一切资源,保护传统文化资源、进行文化建设、促进文化发展以及向公民提供公共文化产品和服务的行为及其相关制度的总和。③范周(2015)指出,公共文化服务是为社会全体成员提供免费或者优惠的公共文化产品和活动的服务体系,其成本由税收形成的公共财政进行基础保障,是社会公平正义的体现④。李少惠和王婷(2019)则认为,公共文化服务是公共文化与公共服务交叉融合的新概念,作为公共文化的实现形式,公共文化服务为公共文化发展营造广阔的公共空间,充分发挥其培育社会核心价值观的功能;而作为公共服务的组成部分,公共文化服务则要满足人民基本文化权利实现的需求,是政府履行职能的应有之义⑤。胡守勇(2019)也分析到,公共文化服务具有基本性、普惠性、均等性、便利性的基本特征和意识形态前置的本质属性,其功能的有效发挥有助于筑牢培育和践行社会主义核心价值观的群众基础、拓展培育和践行社会主义核心价值观的生活化路径以及增强培育和践行社会主义核心价值观的生动性与感染力⑥。

虽然上述关于公共文化服务的定义在细节上略有不同,但实际上都认为公共文化服务是以满足公民基本文化需求为其主要目的,为社会带来一定的物质效益与经济效益,但由于其服务的提供具有一定的公益性,无法由市场完全协调供给,因此政府是公共文化服务的主导者。

---

① 齐勇锋,李平凡.完善公共文化服务体系 提高国家文化软实力[J].中国特色社会主义研究,2012(01):64-72.

② 齐勇锋.中国文化发展战略与公共财政研究[M].北京:中国经济出版社,2014:85.

③ 张波.公共文化服务的均等化和多样性之逻辑解析[J].社会科学战线,2015(01):276-279.

④ 公共文化立法课题组,范周.创新驱动公共文化服务体系现代化探析[J].现代传播(中国传媒大学学报),2015(05):55-61.

⑤ 李少惠,王婷.我国公共文化服务政策的价值识别及演进逻辑[J].图书馆,2019(09):18-26.

⑥ 胡守勇.深度贫困地区公共文化服务效能建设的困境及其破解[J].中州学刊,2019(09):81-86.

二、基本公共文化服务的内涵

由于基本公共文化服务这一概念本身极具中国特色,故本研究不针对国外基本公共文化服务进行探讨,而是聚焦国内学界对基本公共文化服务的研究。国内对于基本公共文化服务的研究主要集中在基本公共文化服务概念、基本公共文化服务体系建设、基本公共文化服务均等化三个方面。

(一)基本公共文化服务概念

关于基本公共文化服务概念,国内学者从多角度对其进行了定义。一是从公民的文化权利角度。吴理财和王前(2015)认为基本公共文化服务是一种具有非排他性和非竞争性的公益性文化产品或者服务,其目的是保障所有公民的基本文化权利,而不是保障个别人或者个别群体的特殊文化权利。[①]柯平等人(2015)也提到,基本公共文化服务是为了保障全体公民最基本的文化权利,使其公正、平等、普遍地享有公共文化服务,是最具保障性和公平性的服务类型。[②]张丽华和鲍宗豪(2019)提出现代公共文化服务体系建设的基本任务是提供基本文化服务,满足人民基本文化需求。这个"基本文化服务"满足的不是个别人或少数人的需求,而是社会大众的公共文化需求,保障的是全体公民享受文化的基本权益。[③]二是强调基本公共文化服务的"基本"。魏和清(2016)指出基本公共文化服务用以满足公民对基本公共文化服务低层次、无差异的消费需求,由政府根据社会经济发展阶段的总体水平来决定。[④]陈昊琳(2015)认为,基本公共文化服务的"基本"应做出这样的理解,即这种文化服务既是重要的、符合大众最低文化需求的,同时也是政府现有资源刚好能够提供的且符合

---

① 吴理财,王前.文化权利导向下的国家基本公共文化服务保障范围研究[J].湖北大学学报(哲学社会科学版),2015(05):126-131、149.

②柯平,朱明,何颖芳.构建我国基本公共文化服务体系研究[J].国家图书馆学刊,2015(02):24-29.

③张丽华,鲍宗豪.践行核心价值观的助推器:社会分层视角下的公共文化服务体系建设[J].华东理工大学学报(社会科学版),2019(03):109-116.

④魏和清."十一五"以来中国基本公共文化服务均等化差异的追踪分析[J].经济统计学,2016(01):30-38.

社会文化资源配置要求的公共文化服务。[①]此外,陈云良和胡国梁(2013)还从动态的角度对"基本"进行了论述,他们认为"基本"所代表的状态或要求呈现出动态演变和可调整的特性,文化服务内容是随着经济发展水平的提高而不断扩充的。[②]三是强调其公共产品和公共服务的属性。柯平等(2015)认为,基本公共文化服务置于公共服务范畴之中,可理解为提供基本文化产品和服务的公共服务。[③]魏和清(2016)认为基本公共文化服务是政府免费提供或近似免费提供的一种公共产品。[④]四是强调其提供的主体。王洛忠和李帆(2013)认为参考公共产品的定义和分类,公共文化服务包括准公共文化服务和基本公共文化服务,前者如具有一定排他性或竞争性的文化产业,后者如公共图书馆、公共群艺馆等,是"纯度"最高的公共文化服务,它往往具有准入的非排他性、使用的非竞争性和较强的外溢性,因此向公众提供基本公共文化服务构成了政府必须履行的基本职责。[⑤]

(二)基本公共文化服务体系建设

在基本公共文化服务体系建设上,国内学界研究成果精彩纷呈。柯平等(2015)探讨了基本公共文化服务体系的特征和内容,总结了我国基本公共文化服务体系存在的突出问题,并提出以"标准化""均等化"为目标构建我国基本公共文化服务体系。[⑥]马雪松(2013)从制度建设层面探讨了基本公共文化服务体系建设的路径选择,认为要实现回应需求与有效供给的目标取向,基本公共文化服务体系需要一定的配套制度以保证其高效运行,并从协同供给制度、需求表达制度、财政支持制度三个方面逐一进行探讨。[⑦]王洛忠和李帆(2013)通过指标体系的构建与地区差距

①陈昊琳.基本公共文化服务:概念演变与协同[J].国家图书馆学刊,2014(02):4-9.
②陈云良,胡国梁.公共文化服务立法的基本问题探析[J].云南大学学报(法学版),2013(05):7-11.
③柯平,宫平,魏艳霞.我国基本公共文化服务研究评述[J].国家图书馆学刊,2015(02):10-17.
④魏和清."十一五"以来中国基本公共文化服务均等化差异的追踪分析[J].经济统计学(季刊),2016(01):30-38.
⑤王洛忠,李帆.我国基本公共文化服务:指标体系构建与地区差距测量[J].经济社会体制比较,2013(01):185-195.
⑥柯平,朱明,何颖芳.构建我国基本公共文化服务体系研究[J].国家图书馆学刊,2015(02):24-29.
⑦马雪松.回应需求与有效供给:基本公共文化服务体系建设的制度分析[J].湖北社会科学,2013(10):35-38.

测量,针对结论提出对策建议,建立惠及全民的基本公共文化服务体系,实现基本公共文化服务均等化。①吴理财和王前(2015)提出界定国家基本公共文化服务保障范围的基本思路,并尝试对国家基本公共文化服务保障范围进行初步界定。认为无论是国家层面,还是地方层面,都应建立基本公共文化服务保障范围和保障水平的动态调整机制,以确保基本公共文化服务能更好地满足公民的基本文化需求,切实保障公民文化权利,推动基本公共文化服务体系的完善。②张启春和范晓琳(2017)基于H省G县基本公共文化服务标准化示范实践的分析,提出要因地制宜建立基本公共服务地方性实施标准、完善基本公共服务设施网络、构建基本公共服务多元供给主体、完善基本公共服务财政保障体系,从而提高基本公共服务标准化保障能力,以标准化示范促进基本公共服务均等化。③

第二节　基本公共文化服务均等化的研究进展

对贫困地区基本公共文化服务均等化的研究首先要明确基本公共文化服务均等化的定义及其评价方法。下面主要从基本公共文化服务均等化的概念、基本公共文化服务均等化的评价、贫困地区基本公共文化服务均等化的相关研究三个方面对贫困地区基本公共文化服务均等化研究进行阐述。

①王洛忠,李帆.我国基本公共文化服务:指标体系构建与地区差距测量[J].经济社会体制比较,2013(01):184-195.
②吴理财,王前.文化权利导向下的国家基本公共文化服务保障范围研究[J].湖北大学学报(哲学社会科学版),2015(05):126-131、149.
③张启春,范晓琳.以标准化示范促进基本公共服务均等化——基于H省G县基本公共文化服务标准化示范实践的分析[J].湖北行政学院学报,2017(06):77-82.

一、基本公共文化服务均等化的概念

近些年来,学界对基本公共文化服务均等化的探讨逐渐增多,大多集中在基本公共文化服务均等化概念、指标体系构建及评价、研究方法等方面。

(一)公共文化服务均等化

关于"均等化"的概念,学界普遍认为无论是基本公共服务的均等化还是基本公共文化服务的均等化,其本质都要区别于简单的平均化与无差异化。学界对均等化的界定主要有以下几个观点:

一是从静态和动态的角度。张桂琳(2009)认为均等化可以分为静态的均等化和动态的均等化两种。静态的"均等化",即"平均、平等"的状态往往被作为应然的价值目标,而动态的"均等化",即趋于"平均、平等"目标的努力往往被作为实然的行为过程。[①]马新艳(2012)提出基本公共文化服务均等化的标准是发展变化的,均等化的实现是一个渐进的过程。基本公共文化服务的标准是依国情而定,社会发展水平不断提高,带动均等化的范围和标准也不断扩大和提高,所以说均等化的实现是一个渐进发展的过程。[②]陈媛媛和柯平(2019)认为,"结果均等"即使实现也只是暂时状态的均等,因为基本公共文化服务的均等化程度、均等化范围会随着国民经济发展和政府保障能力的提高而发生变化,"过程均等"才是实现"永恒均等"的唯一途径。[③]

二是从均等与平均的角度。任强(2009)认为,对于基本公共服务均等化的标准,目前有三种:最低标准,即要求政府提供的基本公共服务具有保底功能;平均标准,即要求政府必须提供中等水平的基本公共服务;相等标准,即要求政府使不同群体所享受到的基本公共服务结果相同。[④]唐亚林和朱春(2012)将公共文化服务均等化内涵概括为两个方面,认为

①张桂琳.论我国公共文化服务均等化的基本原则[J].中国政法大学学报,2009(05):44-51.

②马新艳.高校图书馆与城乡基本公共文化服务均等化建设[J].图书馆学刊,2012(08):8-9.

③陈媛媛,柯平.基本公共文化服务均等化驱动因素研究[J].图书馆,2019(03):20-25.

④任强.公共服务均等化问题研究[M].北京:经济科学出版社,2009:31.

一方面,均等化不是指绝对的平均主义和单纯的等额分配,而是在强调城乡、区域、居民之间对公共文化产品具有均等的享有机会的前提下,通过有效的制度安排,实现各地人民享有公共文化的基本权利和公共文化服务的帕累托改进。另一方面,均等化并不是抹杀人们的需求偏好,强制性地让人们接受等样等量的公共文化产品,而是在尊重人们自由选择权和需求差异的基础上,满足人们的多种文化需求。①魏和清(2016)提出所谓"均等化",就字面理解包含均衡、平等和公平的意思。平等与公平含义是不同的,平等强调无差异,平等意味着资源分配均匀,而公平则强调公道、公正。②张启春和山雪艳(2018)提出,学术界普遍认为与公平、正义等价值理念密切相连,但均等化绝不等于平均化、无差异化,而是在保证最低水平全国均等的基础上允许存在地区差异,不仅是结果均等,更应该是机会均等、过程均等。③梁波(2018)认为"均等"强调的是公共财政的均等化,而不是实物标准的均等化,更不是实物的平均化。要达到"均等化"的目标,需要把握好机会和权利的均等、结果有限平等、范围和水平的动态性。④

(二)基本公共文化服务均等化

关于基本公共文化服务均等化的概念,学术界主要从以下几个方面来进行定义。一是基于公民权利的角度。刘春玲和马新艳(2012)认为,基本公共文化服务均等化体现了权益均等,表现为机会均等、结果均等。所谓机会均等体现在基本公共文化服务对象的普遍性和全体性,凡中国公民无论其身体状况如何,受教育程度怎样都享有均等的基本公共文化服务权利。⑤丁宁(2013)认为,基本公共服务均等化是与一定社会经济基础相联系的动态的具体过程。具体到公共文化领域,所谓公共文化服务

①唐亚林,朱春.当代中国公共文化服务均等化的发展之道[J].学术界,2012(05):24-39.

②魏和清."十一五"以来中国基本公共文化服务均等化差异的追踪分析[J].经济统计学(季刊),2016(01):30-38.

③张启春,山雪艳.基本公共服务标准化、均等化的内在逻辑及其实现——以基本公共文化服务为例[J].求索,2018(01):115-123.

④梁波.加快推进基本公共服务均等化的改革举措[J].理论探讨,2018(04):34-40.

⑤马新艳.高校图书馆与城乡基本公共文化服务均等化建设[J].图书馆学刊,2012(08):8-9.

均等化是指政府及其公共部门要为不同利益集团、不同经济成分或不同
社会阶层提供平等的公共产品与公共服务。①刘志宽和连海燕(2013)认
为,基本公共文化服务均等化需要依赖一定的理论基础,从文化权利的角
度而言,要保障和实现公民基本文化权益就需要推进基本公共文化服务
均等化。②

二是强调其最终结果的大致均等。刘志宽和连海燕(2013)认为,均
等化并不是绝对的平均主义和单纯的等额分配,而是全体公民能够享受
水平大致相当的基本公共文化服务。③张雅琪等(2017)认为基本公共文
化服务均等化是指在一个国家内,处于不同地区的所有居民都能享受到
大体相等的最基本的公共文化服务。④傅才武等人(2018)提出就基本公
共文化服务均等化的内涵来讲,均等化包含两个方面内容,分别是全体公
民享有基本公共文化服务的机会均等和结果均等。⑤陈立旭(2011)认为,
在公民享受公共文化服务的过程中,政府需确保每个公民的参与机会大
致均等,并且为其提供结果大致均等的最基本的公共文化产品和服务,这
是建设服务型政府的内在要求。⑥

三是从基本公共文化服务的普惠性进行探讨。如胡税根和宋先龙
(2011)认为,基本公共文化服务均等化,就是全体公民不论其种族、收入
和地位差异如何,都应公平、普遍享有最低标准的基本公共文化服务。⑦
陈立旭(2011)认为推动公共文化服务均等化,就是坚持政府主导,完善公
共文化服务网络,在确保社会、政府、服务机构不存在偏见、歧视、特殊门
槛前提下,让全体公民不论地域、民族、性别、收入及身份差异都能获得与

---

①丁宁.基本公共文化服务均等化的法律保障研究[J].产业与科技论坛,2013(13):58-59.

②刘志宽,连海燕.基本公共文化服务均等化的理论溯源[J].产业与科技论坛,2013(03):165.

③刘志宽,连海燕.基本公共文化服务均等化的理论溯源[J].产业与科技论坛,2013(03):165.

④张雅琪,李菲,张蕲允,苏福.基本公共文化服务均等化视角下公共图书馆非独立现象研究[J].
国家图书馆学刊,2017(05):10-18.

⑤傅才武,张伟锋.基本公共文化服务均等化研究——模型构建与实证分析[J].图书馆杂志,
2018(08):4-13.

⑥陈立旭.推动基本公共文化服务均等化[J].浙江社会科学,2011(12):4-7.

⑦胡税根,宋先龙.我国西部地区基本公共文化服务均等化问题研究[J].天津行政学院学报,
2011(01):62-67.

经济社会发展水平相适应、机会和结果大致均等的最基本的公共文化产品和公共文化服务。[①]王洛忠和李帆(2013)认为,所谓基本公共文化服务均等化,是指全体公民都能公平可及地获得大致均等的基本公共文化服务,其核心是机会均等,而不是简单的平均化和无差异化。[②]陈立旭(2015)提出基本公共文化服务均等化,是一定区域内公共文化服务中最基础部分的均等化,是紧密联系文化民生、与公众切身文化利益密切相关部分的均等化,而不是所有公共文化服务的均等化。[③]

二、基本公共文化服务均等化的评价

国内学者从多角度对基本公共文化服务均等化进行了探讨,但大多是在文献分析的基础上对基本公共文化服务均等化进行的定性研究,对基本公共文化服务均等化进行量化评价较少。从为数不多的量化评价研究来看,可以大致分为指标体系构建、方法研究等。

(一)指标体系构建

在指标体系构建方面,不同的学者构建的指标体系有所不同。第一,二维指标体系。不少学者从投入和产出两个维度出发,构建了基本公共文化服务均等化指标体系,但在指标各维度的设置上有所不同。顾金喜(2010)选取的两个维度中,投入维度包括人均文化事业费、公共文化财政支出占政府财政支出的比重、人均购书费,产出维度包括广播电视人口覆盖率、艺术表演团体每团年均到农村演出场次、每万人群艺馆文化馆数量、每万人公共图书馆数量、人均拥有公共图书馆藏书册数[④]。王洛忠(2013)所构建的投入指标包括公共图书馆人均购书费、人均文化事业费、公共文化财政支出占政府财政支出比重三个二级指标,产出包括每万人

①陈立旭.推动基本公共文化服务均等化[J].浙江社会科学,2011(12):4-7.

②王洛忠,李帆.我国基本公共文化服务:指标体系构建与地区差距测量[J].经济社会体制比较,2013(01):184-195.

③陈立旭.公共文化服务的均等化与效率[J].中共浙江省委党校学报,2015(01):19-25.

④顾金喜,宋先龙,于萍.基本公共文化服务均等化问题研究——以区域间对比为视角[J].中共杭州市委党校学报,2010(05):56-60.

群艺馆数量、每万人公共图书馆数量和公共图书馆人均藏书册三个二级指标①。

第二,三维指标体系。曹佳蕾(2015)在研究中构建了测量基本公共文化服务均等化的三维指标体系。三维指标除常规的投入和产出以外,还增加了公众受益。投入指标包括文化设施建设、公共文化财政投入、文化服务人才三项指标;产出指标包括文化产品产出、文化活动产出两项指标;公众受益指标包括公众的文化服务评价、文化参与程度②。

第三,四维指标体系。还有部分学者构建了更为复杂的四维指标体系。如时涛等(2014)借助层次分析模型构建基本公共文化服务均等化综合评价指标体系,确定公共文化服务机构设施、公共文化服务的财政投入、公共文化活动、信息发布和管理部门为最终观测指标③。陈旭佳(2016)则以公共博物馆均等化、公共图书馆均等化、公益艺术表演团体均等化、群众文化机构均等化四个方面来建立指标体系。其中各项指标中又设具体评估标准,如机构数量、活动次数、展览数量、演出场次、参观人数等④。傅才武等人(2018)以文化服务人才、文化财政投入、文化服务设施、文化服务产品四个方面构建了指标体系,以此衡量公共文化服务均等化现状⑤。

(二)研究方法

在量化研究方法上,国内学者运用的方法主要有四种。一是基尼系数法。如傅才武和张伟锋(2018)借鉴已有研究构建基本公共文化均等化评估指标体系,基于区域均等和结果均等的视角采用基尼系数法对

①王洛忠,李帆.我国基本公共文化服务:指标体系构建与地区差距测量[J].经济社会体制比较,2013(01):184-195.

②曹佳蕾,刘珺.基本公共文化服务均等化评价指标体系构建与实证研究——以皖江城市带为例[J].池州学院报,2015(04):44-47.

③时涛,胡羡,闫月霞,张彦凤.我国基本公共文化服务省区差异及空间格局[J].知识管理论坛,2014(06):1-7.

④陈旭佳.效果均等标准下基本公共文化服务均等化研究[J].当代经济管理,2016(11):55-63.

⑤傅才武,张伟锋.基本公共文化服务均等化研究——模型构建与实证分析[J].图书馆杂志,2018(08):4-13.

2011—2016 年我国基本公共文化服务均等化水平进行定量评估。[①]二是变异系数法。如高伟华(2010)采用了反映服务条件和服务水平的设施指标和反映财政资源的投入指标,采用倍差和变异系数、差异指数等统计指标分别从省际差异、区际差异两个角度,对我国基本公共文化服务的差异程度进行了测量。[②]三是泰尔指数法。如陈旭佳(2016)采用双变量泰尔指数构建指标体系,测算不同区域和城乡之间基本公共文化服务均等化程度,将区域和城乡作为考察基本公共文化服务均等化的两个主要变量,并在利用双变量泰尔指数测算基本公共文化服务均等化的过程中,将全部的不均等程度在水平方向的维度上按照区域之间的不均等、城乡之间的不均等、区域—城乡内部的不均等、区域—城乡的交互作用的顺序依次层层分解。[③]四是均等化系数法。所谓均等化系数,是指某一地区在某一历史时期内,内部各子系统以统一标准进行比较而得到的系数。采用此方法进行分析的学者有顾金喜等人(2010),他们通过计算均等化系数法,对我国东中西三个区域的基本公共文化服务均等化程度进行了测量。[④]

三、关于公共文化服务均等化的实现路径与政策措施

在城乡之间、区域之间经济社会发展差异较大的背景下,如何不断缩小公共文化服务的差距,实现基本公共文化服务均等化,中国正在探索自己的道路。如唐亚林(2012)从当代中国公共文化服务均等化出发,基于当前非均等化现状的基础,提出了要秉持普惠型以及与国力发展相适应的原则、需求导向原则、公私合作原则、公共参与的基本原则,树立以"文化民生"为核心的公民文化权利新型理念,优化公共文化服务均等化的财政投入结构,构建公共文化服务均等化的多元化生产体制,推进公共文化服务均等化的绩效评估进程,培育公共文化服务均等化的社区发展机

①傅才武,张伟锋.基本公共文化服务均等化研究——模型构建与实证分析[J].图书馆杂志,2018(08):4-13.

②高伟华.我国基本公共文化服务的地区差异分析[J].福建行政学院学报,2010(02):55-60.

③陈旭佳.效果均等标准下基本公共文化服务均等化研究[J].当代经济管理,2016(11):55-63.

④顾金喜,宋先龙,于萍.基本公共文化服务均等化问题研究——以区域间对比为视角[J].中共杭州市委党校学报,2010(05):56-60.

制①。刘小琴(2017)认为当前我国文化事业发展正面临新的机遇期,为实现公共文化服务均等化目标,应以改革破难题,以创新促发展,因地制宜,逐步深化。具体措施包括公共文化服务机构全面实行免费开放、实施标准化促进均衡发展、整合资源建基层综合性文化中心、推行总分馆制促进区域一体化等②。

还有部分学者围绕完善公共财政制度、加大基本公共文化经费投入以实现有效供给等问题开展了各项研究,主要涉及基本公共文化服务财政保障责任和投入保障标准、政府责任划分、资金投入方式、筹资方式、财政保障评估、财政转移支付机制等方面。王瑞涵(2010)表示可以借鉴"文化例外"原则来建立农村公共文化投入机制③。王显成(2017)认为应该采用分类保障、分级承担、精准扶贫的原则来研究公共文化服务财政投入保障标准④。方堃(2012)提出在农村公共文化服务方面各级政府应负有的主要职责,即各省及直辖市应作为城乡公共文化服务的统筹者,省级政府承担较多的农村公共文化服务经费,县级政府负责财政支出预算管理、资源配置和整合,基本公共文化服务的具体内容则由乡镇政府进行供给⑤。此外,在公共文化设施建设方面,王伟利(2015)认为首先应健全公共文化服务网络,优化公共文化服务设施配备,例如配备和建设流动文化服务设备和服务阵地,定时定点开展边远农村流动文化服务⑥。侯天佐(2017)提出必须统筹规划公共文化服务设施网络,合理布局公共文化服务设施,以均等化建设为目标导向来制定前瞻性规划,对城乡和区域之间的协调发展有整体把控⑦。在服务信息化和数字化建设方面,学者们普遍认为传统

①唐亚林,朱春.当代中国公共文化服务均等化的发展之道[J].学术界,2012(05):24-39.

②刘小琴.公共文化服务均等化的路径[J].图书馆杂志,2017(12):4-8.

③王瑞涵.农村公共文化服务体系建设:财政责任与经费保障机制[J].地方财政研究,2010(08):46-52.

④王显成.公共文化服务投入的统计范围与保障标准[J].统计与决策,2017(10):39-42.

⑤方堃,姜庆志.基本公共文化服务均等化趋势下财政投入机制研究[J].武陵学刊,2012(01):22-27、32.

⑥王伟利.加强文化(群艺)馆流动文化服务建设 促进城乡基本公共文化服务的均等化[J].大众文艺,2015(19):12-13.

⑦侯天佐.现代化视角下基本公共文化服务均等化问题探析[J].宁夏党校学报,2017(04):44-47.

的自上而下基本公共文化服务供给模式已无法适应当前公共文化服务发展需要,网络信息技术使得公共文化服务内容更加丰富生动、服务递送更加方便快捷、服务方式更加灵活高效。由此,学者们提出尽快完善服务网络建设,重视农村基层与"三区"的网络普及和应用;加强公共数字文化工程项目建设,建立合作与帮扶机制;创新服务模式,采用云计算等新技术和开发微信、微博等新媒体等(肖希明,2015①;张幸,2015②)。

还有一些学者从基本公共文化服务标准化建设的视角出发,提出了以标准化促进均等化的建议。如杨智慧等(2015)认为实现公共文化服务的均等化,首要任务是建设公共文化服务的标准化,标准化是实现均等化的标尺和依托,基本公共文化服务均等化是标准化的发展和衍生③。田晓平(2019)也认为,为基本公共服务确立规范、提供方法是标准化产生发展的本源;标准化是基本公共服务均衡化、促进社会公平正义的技术基础④。张启春(2018)提到,推动基本公共服务标准化、均等化是加快完善公共服务体系的首要任务和关键所在,并提到实现均等化,必须以标准化为手段⑤。他以 H 省 G 县基本公共文化服务标准化为例,提出了以标准化促进均等化的具体实施路径:贯彻落实国家标准,因地制宜建立基本公共服务地方性实施标准;组合运用新建、改建、扩建资源融合等多种方式,完善基本公共服务设施网络;创新服务供给方式,构建基本公共服务多元供给主体;完善基本公共服务财政保障体系,加强预算保障⑥。申伟宁等(2018)则从京津冀区域基本公共文化服务现状出发,提出了以完善标准化建设助推

①肖希明,完颜邓邓.以公共数字文化资源整合促进基本公共文化服务均等化[J].图书馆,2015(11):22-25、31.

②张幸.增强文化(群艺)馆服务效能 促进基本公共文化服务体系标准化、均等化[J].大众文艺,2015(19):11-12.

③杨智慧,张芳蕊,张伯男.公共文化服务标准化与均等化的辩证关系[J].佳木斯大学社会科学学报,2015(04):50-52.

④田晓平.以标准化促进基本公共服务均等化[J].中国质量与标准导报,2019(04):23-25.

⑤张启春,山雪艳.基本公共服务标准化、均等化的内在逻辑及其实现——以基本公共文化服务为例[J].求索,2018(01):115-123.

⑥张启春,范晓琳.以标准化示范促进基本公共服务均等化——基于 H 省 G 县基本公共文化服务标准化示范实践的分析[J].湖北行政学院学报,2017(06):77-82.

基本公共文化服务均等化,即建立健全标准体系,提升标准质量;完善管理组织架构,推动标准化工作;加强标准培训宣传,扩大标准化实施效果[①]。

四、贫困地区基本公共文化服务均等化的相关研究

除了大量从整体上对我国基本公共文化服务均等化进行的研究以外,还有少量研究进一步聚焦,将国家精准扶贫工作与文化强国战略相结合,以贫困地区为例,探讨了贫困地区基本公共文化服务均等化问题。

从现有文献来说,张鹏民(2014)、霍强(2019)与吴江(2019)等学者从宏观层面对实现贫困地区基本公共文化服务均等化进行了探讨。如张鹏民(2014)认为逐步实现贫困地区基本公共文化服务均等化,不仅有助于维护贫困地区人民的基本文化权利,更有助于公共服务体系的全方位发展,对此,他提出了四个方面的建议:建立由政府主导、全民参与、各方面共同发展的数字化、资源化、供需平衡及随时更新需求的服务体系;全面规划好公共文化设施建设和公共文化内容建设;正确处理公共文化服务体系的传统传播方式和网络媒体的关系;加强公共文化服务人才队伍建设及文化志愿者培养;完善贫困地区公共文化服务体系均等化法治保障建设的配套法规[②]。

霍强(2019)则以云南省为例,提出了促进新时代贫困地区公共文化服务体系均等化的对策建议,就是要坚持各级政府主导作用,充分发挥市场积极作用;落实地方政府首要责任,发挥中央财政平衡功能;保障共性公共文化服务,扩大个性公共文化服务供给;大力发展公共文化事业,加快发展文化产业;加强民族文化传承保护,做好民族文化传播,以此来推动基本公共文化服务均等化的实现[③]。

吴江等(2019)学者以中西部具有代表性的8个贫困县(区)为对象,

---

①申伟宁,马斌,袁硕.以标准化建设助推京津冀区域基本公共文化服务均等化[J].河北经贸大学学报(综合版),2018(03):63-68.

②张鹏民.贫困地区基本公共文化服务均等化发展研究[J].内蒙古科技与经济,2014(23):8-9.

③霍强,王丽华.新时代贫困地区公共文化服务体系建设的现状与对策——以云南省为例[J].生产力研究,2019(01):104-109.

对公共文化服务均等化效能进行了评价,研究发现贫困地区公共文化服务均等化效能与发达地区存在较大差距,面临三个突出瓶颈:资源整合力度不够,具体管理规范缺位,供给精准相对缺乏。对此,提出贫困地区公共文化建设要通过优化资源整合与配置机制、强化管理规范动态调整机制、构筑供需精准对接机制、夯实服务综合保障机制、探索建立地区服务联盟,以全面提升贫困地区公共文化服务均等化效能[①]。

王毅(2017)、段小虎(2018)等学者以贫困地区图书馆为研究对象,探讨了其存在的问题,进而提出了实现图书馆均等化发展的策略。具体来说,王毅等(2017)以我国592个国家级贫困县的公共图书馆为对象,通过对比、综合分析贫困县第五次公共图书馆评估定级和第四次文化馆评估定级结果,将贫困县划分为五个类别:双一级、良好型、发展中、不平衡、双未定,并选取有代表性的贫困县进行基本公共文化服务发展案例分析,进而提出国家级贫困县基本公共文化服务均等化发展在于强化地方政府的职能,促进基本公共文化服务发展的平衡性与均等化;积极申请中央转移支付,借助发达地区、各级部门和社会力量的经济援助;提升服务效能,开展富有针对性、实用性和乡土气息的群众信息服务与文化活动;深入挖掘地区特色文化资源,促进地区文化的传承与推广;依据评估过程与结果,促进贫困地区基本公共文化服务精准化与持续化发展;注重贫困县地区公共数字文化服务的实施、跟进与推广[②]。

段小虎等(2018)对西部25个贫困县的图书馆进行实地调研发现,在实现均等化方面,西部贫困县公共图书馆存在一些结构性的矛盾和成本压力,表现为基础设施、服务能力和财政投入等基本指标与全国县级图书馆平均水平相比差距较大,人员经费、文献建设经费与服务支出结构极不合理。应把财政转移支付作为推动公共文化服务均等化的重要工具,发挥其兜底作用,通过构建以基本服务均等化为导向、以财政转移支付为手段、以"客观因素"为测算依据的保障机制,推动西部贫困地区公共图书馆

①吴江,申丽娟,魏勇.贫困地区公共文化服务均等化:政策演进、效能评价与提升路径[J].西南大学学报(社会科学版),2019(05):51-58

②干毅,柯平,孙慧云,刘子慧.国家级贫困县基本公共文化服务均等化发展策略研究——基于图书馆和文化馆评估结果的分析[J].国家图书馆学刊,2017(05):19-31.

均等化发展①。

刘纪纲(2019)则以贫困地区农村公共阅读服务现状作为分析基本公共文化服务均等化的基本视角,强调城乡居民在公共阅读上差距明显,表现为贫困地区农村图书馆(室)发展不均衡,服务方式单一,图书数量少、质量低、缺乏针对性,专业化的图书管理人员缺乏,经费保障不足,发展后劲发力不足等②。

罗清郁(2019)则聚焦于公共数字文化建设,认为公共数字文化建设在基本公共文化服务中均等化过程中具有重要作用,贫困地区开展公共数字文化建设,有助于加快转变贫困文化、促进贫困地区数字文化创新、推动贫困地区数字文化均等化。他进而提出了新时期贫困地区公共数字文化建设的方略:搭建贫困地区公共数字文化建设载体,精准实施、统筹规划以促进贫困地区公共数字文化建设,创新推动以激活贫困地区公共数字文化发展活力③。

第三节　研究现状的简要述评

上述研究成果对基本公共文化服务和基本公共文化服务均等化的相关概念、理论基础、具体实践进行了回顾,可以发现,国内外学者都对基本公共文化、基本公共文化服务均等化进行了大量的研究,并且在组织文化、公共文化服务效能及影响因素、研究方法及评价等方面取得了较为可观的进展,为基本公共文化服务均等化的研究提供了坚实的理论基础和实践经验。

---

①段小虎,张梅,谢逸芸,尹莉.西部贫困县图书馆"因素法"财政保障研究[J].图书馆论坛,2018(01):21-35.

②刘纪刚.贫困地区农村公共阅读服务现状与对策研究——以辽宁省朝阳地区为例[J].图书馆学刊,2019(05):68-75.

③罗清郁.贫困地区如何开展公共数字文化建设[J].人民论坛,2019(08):132-133.

随着精准扶贫战略与乡村振兴战略的不断深入开展,有关贫困地区的研究亦呈现出多视角、多维度、多方向的态势,为贫困地区基本公共文化服务均等化的研究提供大量的理论素材与现实指导。总体上,国内外的学者提出了许多有价值的观点,为本书提供了相应的理论借鉴和研究的逻辑起点。但目前的研究仍存在一定不足:一是研究视角存在一定的局限。对文化服务已有的研究大多停留在组织文化、企业文化方面,对基本公共文化服务的研究相对较少。少量针对基本公共文化服务的研究则集中在公共文化服务的过程及其影响因素等方面,基本公共文化服务均等化涉及少之又少。且现有的研究更多地将目光聚焦在城乡基本公共文化服务差异上,对贫困地区基本公共文化服务研究寥寥无几。二是研究方法存在一定的局限。现有的对基本公共文化服务均等化研究以质性研究为主,量化研究方法的运用较为缺乏,同时由于基本公共文化服务的接受具有主观性,仅用投入和产出来进行衡量仍存在一定的局限性,无法为构建人民满意的基本公共文化服务体系提供参考性意见。三是研究缺乏实地走访。现有的研究数据大多来源于《中国统计年鉴》等二手数据,依据数据的可得性建立指标体系,缺乏实地走访调研搜集的一手数据资料。有少部分研究进行实地走访调研,大多仅采用访谈的方式对公共文化部门工作人员进行调查,缺乏对实际调研获取的问卷等一手数据资料分析。

本研究在对贫困地区基本公共文化服务政策梳理的基础上,开展贫困地区基本公共文化服务均等化调研,对公共文化相关机构部门及事业单位工作人员与群众进行深度访谈、问卷调查,构建贫困地区公共文化服务均等化评价指标体系和评价方法,透视贫困地区公共文化服务水平发展滞后的基本矛盾与根本原因,判识我国公共文化服务均等化的发展趋势,完善现有的基本公共文化服务均等化体系,为基本公共文化服务均等化研究提供新的视角和方向。

第三章

基本公共文化服
务均等化的概念
界定与理论基础

对概念及其内涵的界定可以让我们对研究对象有更加清晰的认识，对有关理论的分析则让研究更加具有指导意义。本章主要对基本公共文化服务均等化的相关概念进一步界定，同时对基本公共文化服务均等化相关理论进行回顾，分析有关理论与基本公共文化服务均等化的内在同一性及其指导意义，旨在为后续的实证分析和政策研究提供理论支持与依据。

第一节　基本公共文化服务均等化的概念界定

概念界定是开展研究的基础，明确基本公共文化服务均等化的概念是本研究的逻辑起点。本节将分别从基本公共文化服务、基本公共文化服务均等化两个层面对概念进行界定。

一、基本公共文化服务

"文化"一词在《现代汉语词典》中的解释为"人类在社会历史发展过程中所创造的物质财富和精神财富的总和，特指精神财富，如文学、艺术、教育、科学等"[①]。2018年，国家统计局在与中宣部及国务院有关部门共同研究的基础上，制定了《文化及相关产业分类》，文化及相关产业是指为社会公众提供文化产品和文化相关产品的生产活动的集合。[②]从国家有关政策方针和研究宗旨出发，结合我国的实际情况，本研究将文化及相关产业概念界定为：为社会公众提供文化、娱乐产品和服务的活动，以及与这些活动有关联的活动的集合。

对于公共文化服务的性质、内涵和必要性等内容，自党的十六大以

①现代汉语词典（2002年增补本）[M].北京：商务印书馆，2002:1318.
②国家统计局.关于印发《文化及相关产业分类（2018）》的通知[Z].2018-04-02.

来,历次党代会的报告都有所涉猎。党的十六大报告指出:"要加强政府对文化公益事业扶持的力度,为人民群众提供良好的公共文化服务。"党的十七大报告指出:"覆盖全社会的公共文化服务体系基本建立,文化产业占国民经济比重明显提高、国际竞争力显著增强,适应人民需要的文化产品更加丰富。"党的十八大报告指出:"加强重大公共文化工程和文化项目建设,完善公共文化服务体系,提高服务效能。促进文化和科技融合,发展新型文化业态,提高文化产业规模化、集约化、专业化水平。"党的十九大报告指出:"满足人民过上美好生活的新期待,必须提供丰富的精神食粮。要深化文化体制改革,完善文化管理体制,加快构建把社会效益放在首位、社会效益和经济效益相统一的体制机制。完善公共文化服务体系,深入实施文化惠民工程,丰富群众性文化活动。加强文物保护利用和文化遗产保护传承。健全现代文化产业体系和市场体系,创新生产经营机制,完善文化经济政策,培育新型文化业态。"2016年12月25日发布,自2017年3月1日起施行的《中华人民共和国公共文化服务保障法》指出:公共文化服务是指由政府主导、社会力量参与,以满足公民基本文化需求为主要目的而提供的公共文化设施、文化产品、文化活动以及其他相关服务。本研究中的公共文化服务的概念适用《中华人民共和国公共文化服务保障法》中对公共文化服务的界定。

关于基本公共服务的定义在2012年7月11日国务院印发的《国家基本公共服务体系"十二五"规划》中已有提及:基本公共服务,指建立在一定社会共识基础上,由政府主导提供的,与经济社会发展水平和阶段相适应,旨在保障全体公民生存和发展基本需求的公共服务。[①]在2017年1月23日,国务院发布的《"十三五"推进基本公共服务均等化规划》中再次指出,基本公共服务是由政府主导、保障全体公民生存和发展基本需要、与经济社会发展水平相适应的公共服务。[②]从以上两个政策文本的有关内容中,我们不难看出,基本公共服务的提供要由政府牵头负责、主导提供,以保障公民的合法权利,增强人民群众的获得感、幸福感和安全感,享有

①国务院.国务院关于印发国家基本公共服务体系"十二五"规划的通知[Z].2012-07-11.
②国务院.国务院关于印发"十三五"推进基本公共服务均等化规划的通知[Z].2017-01-23.

基本公共服务属于公民的权利,提供基本公共服务是政府的职责。本研究中所提及的基本公共服务概念适用《"十三五"推进基本公共服务均等化规划》中对基本公共服务所做出的界定。

基本公共文化服务作为基本公共服务中的重要内容,在《国家基本公共服务体系"十二五"规划》《"十三五"推进基本公共服务均等化规划》中均有提及,且两个规划中均将公共文化服务与公共体育相结合。《国家基本公共服务体系"十二五"规划》中指出,国家建立公共文化体育服务制度,保障人民群众看电视、听广播、读书看报、进行公共文化鉴赏、参加大众文化活动和体育健身等权益。①《"十三五"推进基本公共服务均等化规划》中指出:国家构建现代公共文化服务体系和全民健身公共服务体系,促进基本公共文化服务和全民健身基本公共服务标准化、均等化,更好地满足人民群众精神文化需求和体育健身需求,提高全民文化素质和身体素质。②结合两个规划及其他相关文献,本研究认为,基本公共文化服务是由政府主导,为保障全体公民基本文化需要而提供的公共文化设施、公共文化产品、公共文化活动以及其他相关服务。

根据上文对文化的概念界定,我们可以认为文化的范围主要有两个方面:一是以文化为核心内容,为直接满足人们的精神需要而进行的创作、制造、传播、展示等文化产品(包括货物和服务)的生产活动。具体包括新闻信息服务、内容创作生产、创意设计服务、文化传播渠道、文化投资运营和文化娱乐休闲服务等活动;二是为实现文化产品的生产活动所需的文化辅助生产和中介服务、文化装备生产和文化消费终端生产(包括制造和销售)等活动。③

针对基本公共服务的范围和标准,《国家基本公共服务体系"十二五"规划》中也做了明确的规定:基本公共服务范围,一般包括保障基本民生需求的教育、就业、社会保障、医疗卫生、计划生育、住房保障、文化体育等领域的公共服务,广义上还包括与人民生活环境紧密关联的交通、通信、

①国务院.国务院关于印发国家基本公共服务体系"十二五"规划的通知[Z].2012-07-11.
②国务院.国务院关于印发"十三五"推进基本公共服务均等化规划的通知[Z].2017-01-23.
③国家统计局.文化及相关产业分类(2018)[Z].2018-05-09.

公用设施、环境保护等领域的公共服务,以及保障安全需要的公共安全、消费安全和国防安全等领域的公共服务;基本公共服务标准指在一定时期内为实现既定目标而对基本公共服务活动所制定的技术和管理等规范。①在《"十三五"推进基本公共服务均等化规划》中,国家建立基本公共服务清单制,依据现行法律法规和相关政策确定基本公共服务主要领域,以及各领域具体服务项目和国家基本标准,向社会公布,作为政府履行职责和公民享有相应权利的依据。《"十三五"国家基本公共服务清单》包括公共教育、劳动就业创业、社会保险、医疗卫生、社会服务、住房保障、公共文化体育、残疾人服务8个领域的81个项目。每个项目均明确服务对象、服务指导标准、支出责任、牵头负责单位等。②本研究所提及的基本公共服务范围沿用了《"十三五"国家基本公共服务清单》中设定的基本公共服务的范围,主要涉及公共教育、劳动就业创业、社会保险、医疗卫生、社会服务、住房保障、公共文化体育、残疾人服务8个领域的81个项目,基本公共服务标准也沿用了《"十三五"国家基本公共服务清单》中对基本公共服务标准做出的有关规定。

基本公共文化服务作为基本公共服务的主要内容之一,虽然在政策文本中经常与基本体育服务共同提及,但其范围却不难与基本体育服务区分。"十二五"时期,政府提供的基本公共文化服务包括:向全民免费开放基层公共文化体育设施,逐步扩大公共图书馆、文化馆(站)、博物馆、美术馆、纪念馆、科技馆、工人文化宫、青少年宫等免费开放范围;为全民免费提供基本的广播电视服务和突发事件应急广播服务;为农村居民免费提供文化信息资源共享、电影放映、送书送报送戏等公益性文化服务;加强文化遗产保护和综合利用。③相比于"十二五"时期,"十三五"时期的基本公共文化服务范围更具有概括性。《"十三五"推进基本公共服务均等化规划》中将基本共文化服务概括为八个方面:公共文化设施免费开放、送地方戏、收听广播、观看电视、观赏电影、读书看报、少数民族文化服务、参

①国务院.国务院关于印发国家基本公共服务体系"十二五"规划的通知[Z].2012-07-11.

②国务院.国务院关于印发《"十三五"推进基本公共服务均等化规划的通知[Z].2017-01-23.

③国务院.国务院关于印发国家基本公共服务体系"十二五"规划的通知[Z].2012-07-11.

观文化遗产。①根据《国家基本公共文化服务指导标准（2015—2020年）》，从服务项目与内容角度可将基本公共文化服务分为基本服务项目、硬件设施、人员配备三个方面。再进一步对着三个方面进行分类，可将基本服务项目分为读书看报、收听广播、观看电视、观赏电影、送地方戏、设施开放、文体活动；硬件设施分为文化设施、广电设施、体育设施、流动设施、辅助设施；人员配备分为人员编制、业务培训。本研究对基本公共文化服务范围及标准的界定沿用了《国家基本公共文化服务指导标准（2015—2020年）》中的规定。具体分类情况见表3-1。

表3-1　国家基本公共文化服务指导标准（2015—2020年）

项目	内容	标准
基本服务项目	读书看报	1.公共图书馆（室）、文化馆（站）和村（社区）（村指行政村，下同）综合文化服务中心（含农家书屋）等配备图书、报刊和电子书刊，并免费提供借阅服务。 2.在城镇主要街道、公共场所、居民小区等人流密集地点设置阅报栏或电子阅报屏，提供时政、"三农"、科普、文化、生活等方面的信息服务。
	收听广播	3.为全民提供突发事件应急广播服务。 4.通过直播卫星提供不少于17套广播节目，通过无线模拟提供不少于6套广播节目，通过数字音频提供不少于15套广播节目。
	观看电视	5.通过直播卫星提供25套电视节目，通过地面数字电视提供不少于15套电视节目，未完成无线数字化转换的地区，提供不少于5套电视节目。
	观赏电影	6.为农村群众提供数字电影放映服务，其中每年国产新片（院线上映不超过2年）比例不少于1/3。 7.为中小学生每学期提供2部爱国主义教育影片。
	送地方戏	8.根据群众实际需求，采取政府采购等方式，为农村乡镇每年送戏曲等文艺演出。
	设施开放	9.公共图书馆、文化馆（站）、公共博物馆（非文物建筑及遗址类）、公共美术馆等公共文化设施免费开放，基本服务项目健全。 10.未成年人、老年人、现役军人、残疾人和低收入人群参观文物建筑及遗址类博物馆实行门票减免，文化遗产日免费参观。

①国务院.国务院关于印发"十三五"推进基本公共服务均等化规划的通知[Z].2017-01-23.

续表

项目	内容	标准
基本服务项目	文体活动	11.城乡居民依托村(社区)综合文化服务中心、文体广场、公园、健身路径等公共设施就近方便参加各类文体活动。 12.各级文化馆(站)等开展文化艺术知识普及和培训,培养群众健康向上的文艺爱好。
硬件设施	文化设施	13.县级以上(含县级,下同)在辖区内设立公共图书馆、文化馆,乡镇(街道)设置综合文化站,按照国家颁布的建设标准等进行规划建设。 14.公共博物馆、公共美术馆依据国家有关标准进行规划建设。 15.结合基层公共服务综合设施建设,整合闲置中小学校等资源,在村(社区)统筹建设综合文化服务中心,因地制宜配置文体器材。
	广电设施	16.县级以上设立广播电视播出机构和广播电视发射(监测)台,按照广播电视工程建设标准等进行建设。
	体育设施	17.县级以上设立公共体育场;乡镇(街道)和村(社区)配置群众体育活动器材设备,或纳入基层综合文化设施整合设置。
	流动设施	18.根据基层实际,为每个县配备用于图书借阅、文艺演出、电影放映等服务的流动文化车,开展流动文化服务。
	辅助设施	19.各级公共文化设施为残疾人配备无障碍设施,有条件的配备安全检查设备。
人员配备	人员编制	20.县级以上公共文化机构按照职能和当地人力资源社会保障、编办等部门核准的编制数配齐工作人员。 21.乡镇综合文化站每站配备有编制人员1至2人,规模较大的乡镇适当增加;村(社区)公共服务中心设有由政府购买的公益文化岗位。
	业务培训	22.县级以上公共文化机构从业人员每年参加脱产培训时间不少于15天,乡镇(街道)和村(社区)文化专兼职人员每年参加集中培训时间不少于5天。

来源:中共中央办公厅、国务院办公厅印发《关于加快构建现代公共文化服务体系的意见》附件

二、基本公共文化服务均等化

　　"均等"一词在现代汉语词典中的解释为"平均、相等"①。这也就是我们所说的简单意义上的均等。而本研究所说的均等要区别于完全意义上的平均，我们更多地强调的是一种机会上的均等。所谓的基本公共文化服务均等化也就是让每个公民都公平可及的享有基本公共文化服务。"均等化"中的"化"则是指一种循序渐进的趋势及未来的发展方向，因而均等化也不等于绝对的平均化。本研究所说的均等化是指机会上的均等，即允许区域之间、群体之间、个体之间存在一定的差距，但这种差距是有底线的差距，且在执行的过程中要努力地缩小差距。

　　党的十九大报告提出，从 2020 年到 2035 年，基本公共服务均等化基本实现。实现基本公共服务均等化的重要途之一是推进基本公共服务的标准化，以基本公共服务设施、制度、流程的标准化促进基本公共服务的均等化。2018 年 10 月，国务院办公厅印发《国务院办公厅关于保持基础设施领域补短板力度的指导意见》中指出，国家发展改革委、扶贫办按职责分工牵头负责深入推进易地扶贫搬迁工程，大力实施以工代赈，加强贫困地区特别是"三区三州"等深度贫困地区基础设施和基本公共服务设施建设。②以标准化手段优化资源配置、规范服务流程、提升服务质量、明确权责关系、创新治理方式，确保全体公民都能公平可及地获得大致均等的基本公共服务，从而切实提高人民群众的获得感、幸福感和安全感。《国家基本公共服务体系"十二五"规划》中指出，基本公共服务均等化，指全体公民都能公平可及地获得大致均等的基本公共服务，其核心是机会均等，而不是简单的平均化和无差异化。③《"十三五"推进基本公共服务均等化规划》在阐述了基本公共文化服务均等化的定义和核心的基础上，再一次强调了均等化与平均化的区别，提出基本公共服务均等化的重点是保障人民群众得到基本公共服务的机会，而不是简单的平均化。④综上所述，

①现代汉语词典（2002 年增补本）[M].北京：商务印书馆，2002:1318.

②国务院.国务院办公厅关于保持基础设施领域补短板力度的指导意见[Z].2018-10-11.

③国务院.国务院关于印发国家基本公共服务体系"十二五"规划的通知[Z].2012-07-11.

④国务院.国务院关于印发"十三五"推进基本公共服务均等化规划的通知[Z].2017-01-23.

本研究认同并采用了《"十三五"推进基本公共服务均等化规划》中关于基本公共服务均等化的定义。

文化振兴是乡村振兴战略的铸魂工程,基本公共文化服务的均等化则是实现文化振兴的重要途径。结合有关文献,本研究认为基本公共文化服务均等化是指全体公民都能公平可及地获得大致均等的基本公共文化服务。其内涵主要分为三个部分:一是基本公共文化设施的标准化。《关于推进县级文化馆图书馆总分馆制建设的指导意见》中指出,以乡村两级为重点,以需求为导向,促进公共文化资源向基层特别是农村倾斜,增加基层公共文化资源总量,保障城乡群众普遍均等地享有基本公共文化服务。①以基本公共文化设施的标准化促进基本公共文化服务的均等化,确保公民获得机会上的均等;二是基本公共文化产品的便捷化。《关于推进基层综合性文化服务中心建设的指导意见》中指出,因地制宜推进基层综合性文化服务中心建设,把服务群众同教育引导群众结合起来,把满足需求同提高素养结合起来,促进基本公共文化服务标准化均等化,使基层公共文化服务得到全面加强和提升,为实现"两个一百年"奋斗目标和中华民族伟大复兴中国梦提供精神动力和文化条件。②完善基本公共文化产品提供体系,确保公民便捷地享受基本公共文化产品,以保障人民群众都能公平可及地获得大致均等的基本公共文化服务;三是基本公共文化活动的普惠化。《关于进一步做好为农民工文化服务工作的意见》中指出,到2020年,全面实现农民工平等享受城镇基本公共文化服务,为农民工文化服务的内容和手段更加丰富,服务效能显著提升,政府、企业、社会共同参与为农民工文化服务的工作格局建立健全,农民工基本文化权益得到更好保障,农民工群体融入城镇的文化隔阂进一步消除,基本公共文化服务标准化、均等化水平稳步提高。③公民均等地享有政府提供的基本公共文化活动,保障公民享受基本公共文化服务的权利。

①文化部、新闻出版广电总局、体育总局、发展改革委、财政部.关于印发《关于推进县级文化馆图书馆总分馆制建设的指导意见》的通知[Z].2016-12-29.
②国务院.国务院办公厅关于推进基层综合性文化服务中心建设的指导意见[Z].2015-10-02.
③文化部、国务院农民工工作领导小组办公室、全国总工会.关于进一步做好为农民工文化服务工作的意见[Z].2016-03-17.

第二节　基本公共文化服务均等化相关理论

任何一个理论都是在借鉴前人理论的基础上结合自身研究活动进行的创新。基本公共文化服务作为一项特殊的公共服务,其供给主体是以政府为主导的多元主体,宏观调控与市场配置兼顾,其理论体系广泛且复杂。根据科学性和统一性的要求,本节以公平正义论、公共产品理论、新公共管理理论、财政分权理论为评述对象,试图为基本公共文化服务均等化研究提供理论借鉴。

一、公平正义论

"正义"一词由来已久。最开始亚里士多德(Aristotle)在使用"正义"一词时更多是作为个人美德的合集。与之不同的是,近代思想家更多地将正义作为社会中的一项道德标准。卡尔·马克思(Karl Heinrich Marx)也曾批判地对正义进行了探讨。马克思否定了以经济学角度研究正义的立场,在批判资本主义的"形式正义"及形形色色的社会主义流派"就正义论正义"的基础上,确立了马克思主义正义观的基本维度,即唯物史观正义理论和共产主义正义规范。1976年,弗里德里希·冯·哈耶克(FridrichA.Von Hayek)的专著《社会正义的幻象》问世,在该书中哈耶克对"社会正义"一词进行了批判,他认为正义本就是个人的权利,社会正义的推广与普及"已然变成了特殊利益群体要求特权的一个十足的借口"。[1]

最早系统地对公平正义进行论述是在1958年约翰·罗尔斯(John Bordley Rawls)发表的《正义即公平》一文中。罗尔斯是20世纪70年代对哲学界产生重要影响的思想家,代表作为《正义论》。罗尔斯认为"正义是社会制度的首要德性,正像真理是思想体系的首要德性一样。"[2]罗尔斯把

---

①F.A.Hayek. The Mirage of Social Justice[M].Chicago:The University of Chicago press，1976：140.

②[美]约翰·罗尔斯.正义论(修订版)[M].何怀宏,何包钢,廖申白,译,北京:中国社会科学出版社,2009:3.

正义观视为社会发展的基石,集中体现在两个原则中:第一原则为每个人对与其他人所拥有的最广泛的平等基本自由体系相容的类似自由体系都应有一种平等的权利,此原则将一国民众享有基本平等的自由权主要限定在基本公共服务领域;第二原则为社会和经济的不平等应这样安排,使它们被合理地期望适合于每一个人的利益,并且依系于地位和职务向所有人开放。①第一原则强调基本平等自由不可侵犯,第二原则大致适用于收入和财富分配,以及对那些利用权威、责任方面的差距的组织机构。根据原则排序,第一原则优先于第二原则。凯·尼尔森(Kai Nielsen)从马克思主义基本原理中汲取灵感对罗尔斯的公平正义论进行了批评与重建,提出了以"作为平等的正义"为核心的平等正义论(也称"激进平等主义"),并归纳了激进平等主义观的四个观念:(1)社会正义整体上应该理解为,要求每个人,不论应得与否,都应受到平等尊重的对待;每个人,不论应得与否,都对有助于其自尊的社会条件享有权利。(2)社会正义整体上应被理解为,要求每个人被这样对待,即我们所能地接受于做到使每个都获得平等的满足,及平等地分担为实现我们共同认定的目标而必须承受的痛苦。(3)社会正义整体上应被理解为,每位社会成员所有方面的利益与责任的完全平等。(4)社会正义整体上应被理解为一种社会制度的建构,以便使每个人都能在同样行事的其他人保持最大程度的共处中满足自身的真正需要。②他认为"在可能的地方,每个人的整个一生都应该平等地获得均等的资源,尽管这要根据人们的不同需求而定"③。而对于平等地获得资源,他认为这里所说的平等是指"它阻止人们之间存在这样一种差别,即允许一些人控制或剥削其他人;这种对资源的平等获取还应该防止一点,即一个成年人不依靠其他成年人自主的同意而统治他们"④。

①[美]约翰·罗尔斯.正义论(修订版)[M].何怀宏,何包钢,廖申白译,北京:中国社会科学出版社,2009:47-48.
②[加]凯·尼尔森.平等与自由:捍卫激进平等主义[M].傅强译,北京:中国人民大学出版社,2015:52.
③[加]凯·尼尔森.平等与自由:捍卫激进平等主义[M].傅强译,北京:中国人民大学出版社,2015:307.
④[加]凯·尼尔森.平等与自由:捍卫激进平等主义[M].傅强译,北京:中国人民大学出版社,2015:307.

尼尔森认为,就平等自由原则的论述来说,他与罗尔斯之间没有重大差别。而他的正义论比罗尔斯的原则更为清楚地展示了对平等自由的承诺中所应包含之内容。两种正义理论的第一个正义原则都展现了道德自治和平等自尊的重要性,而且它们都强调致力于构建这样一种正义社会——在其中所有人都被平等尊重,社会制度体现了对每个人的平等关注,要求把人类视为一个共同体,视为"一个人人平等的团体"。①尼尔森作为一个马克思主义研究者秉承了马克思与恩格斯"消灭阶级"的观点,强调财富的多寡直接影响着人的自尊程度。他认为所谓的机会平等即"在为人们获得社会各种稀缺位置提供机会时,应该完全地向自由竞争开放,在自由竞争中,人人都可以参与社会中有价值的位置(可以提供非常不同的生活机会的位置)的竞争,并且在这样的竞争中是根据人们的天赋和成就来给予奖励,而不是根据社会地位、阶级、种族、性别、友谊或是恩惠"②。相比于罗尔斯的正义论,尼尔森的正义论阐释得更加系统和清晰。

公平正义论为基本公共文化服务均等化及其评判提供了理论基础。根据公平正义论的原则,接受基本公共文化服务是每名公民平等享有的权利,这种权利神圣不可侵犯,任何人不能剥夺。财务和收入的分配无须平等,但它必须合乎每个个体的利益,同时,必须通过地位开放来确保每个个体都平等地享有进入的权利。基本公共文化服务亦然。基本公共文化服务的提供必须符合每个个体的利益,同时,每个个体都平等地享有接受基本公共文化服务的权利。

第一,公平正义论的假设前提与中国基本公共文化服务的均等化假设存在一致性。理论以"原始状态"为假设前提推出两个十分重要的正义原则:第一个原则是每个人对与其他人所拥有的"最广泛的基本自由体系相容的类似自由体系"都应有一种平等的权利,文化权利是公民一项基本的权利,基本公共文化服务则是公民基本文化权利得以体现的重要保障。第二个原则是社会的和经济的不平等应这样安排,使它们在正义的储存

---

①傅强.平等正义论对公平正义论原则的互镜、批判与重建[J].中共四川省委党校学校,2009(01):101-105.

②[加]凯·尼尔森.平等与自由:捍卫激进平等主义[M].傅强,译,北京:中国人民大学出版社,2015:147.

原则一致的情况下,适合于最少受惠者的最大利益,并且,在机会公平平等的条件下职务和地位向所有人开放。由此,所有社会价值如自由、机会、收入、财富等"都要平等地分配,除非对其中的一种价值或所有价值的一种不平等分配合乎每一个人的利益。"尼尔森对于机会平等的看法则引发了我们对基本公共文化服务均等化的进一步思考。所谓的机会均等不能仅仅依靠职务和地位的开放来保障。虽然个体财富和地位存在一定的差距,导致个体对基本公共文化服务认知和理解程度不同,在基本公共文化服务提供的过程中可以因为群体特性不同提供差异化的基本公共文化服务,但不能因为财富和地位上的差距而提供有差别的基本公共文化服务。

第二,平等原则为基本公共文化服务均等化提供了评判准则。罗尔斯的平等原则强调每一个人都有平等的权利享有别人所拥有的基本自由权,机会平等是确保公平正义实现的基本前提,基本公共文化服务均等化首先要求民众享有平等的参与机会。平等原则指出,当事人不分民族、种族、性别、职业、出身、宗教信仰、受教育程度、财产状况、居住年限,在参与和享受基本公共文化服务过程中具有平等的地位。尼尔森认为,社会正义观的平等主义就是要在各个重要方面平等对待所有人,重点是在实现社会正义的过程中,为每个人实现一些重要的条件平等。罗尔斯认为,公共服务活动的多样性更多地体现为公共服务活动中客观存在的差异性,其中包括传统教条原则和实践运行的规则。满足公民的需要已经不再是公共服务的根本宗旨,公共服务的主要目标不是简单地面对所有的人和每一个人,应该既包括那些有能力、有条件获得公共服务的人,也包括没有能力和没有条件获得公共服务的人们。基本公共文化服务的均等化不应该是简单的面向所有人的均等化,而是要针对不同群体的特性,提供差异化、便捷化、精准化的基本公共文化服务,确保基本公共文化服务真正地惠及每一个人。

第三,正义论中的权利内涵与基本公共文化服务所指范围表现出内在同一性。罗尔斯的公平正义论中,没有明确提出第一原则中的权利具体指哪些项目,仅是概括性地谈到主要指向基本权利。尼尔森同样没有对基本权利的内容进行深入的探讨,但是他强调所有人都有权利受到平等的对待,不是因为他们在某些特定方面是一样的,而这是每一个人的基本权利。对于基本权利的范围,不同国家有所不同,即使同一国家的不同历史阶段项目所指也会有所差别,其共同点是关于人的生存权和发展权。接受基本公共文化服务是每一个公民平等拥有的基本文化权利,也是丰富人民群众精神文化生活、传承中华优秀传统文化、弘扬社会主义核心价值观、增强文化自信、促进中国特色社会主义文化繁荣发展、提高全民族文明素质的重要公共产品。它发展的水平和质量关系到一个国家或地区整体和其中的每一个个体的生存质量和发展空间。

二、公共产品理论

公共产品理论的诞生发展与经济学是密不可分的。根据社会经济学的理论,社会产品可以简单划分为私人产品和公共产品。古典经济学代表人物亚当·斯密(Adam Smith)在《国富论》中对公共产品的类型、资金来源、提供方式、公平性等进行了阐述。①19世纪末至20世纪初,意大利学者马尔科(de Marco)发表了《公共财政学基本原理》,使财政学的理论基点从"政府收支"转到"公共经济"上来,并最早使用"公共产品"概念。

著名经济学家保罗·萨缪尔森(Paul A.Samuelson)为了更好地说明产品的外部性,分别对公共物品(Public Good)和私人物品(Private Good)做出了定义。萨缪尔森首先在《公共支出的纯理论》中提及了公共产品的非竞争性,即每个人消费这种物品或劳务不会导致别人对该种产品或劳务的减少。但仅从非竞争性角度界定公共产品具有一定的狭隘性,不能涵盖现实中所有公共产品。于是萨缪尔森在与威廉·诺德豪斯(William D. Nordhaus)合著的《经济学》一书中,将公共产品定义为"一种向所有人提供和向一个人提供时成本都一样的物品"②。萨缪尔森认为,公共产品是说明外部性的极端例子。公共产品的外部性决定了在公共产品无法依靠价格和市场来进行调节与交换。他认为公共产品是指那种不论个人是否

①王鹤云.我国公共文化服务政策研究[D].中国艺术研究院,2014:14.
②[美]保罗·萨缪尔森,威廉·诺德豪斯.经济学[M].萧琛,等译,北京:人民邮电出版社,2008:321.

愿意购买,都能使整个社会每一成员获益的物品。私人物品恰恰相反,是那些可以分割、可以供不同人消费,并且对他人没有外部收益或外部成本的物品。①公共产品的外部性势必会造成市场的低效率甚至是无效率。根据萨缪尔森的经典定义,公共产品天生具有非竞争性和非排他性两个属性,在现实世界中难以利用市场竞争机制找到一个可以实现资源有效配置的价格体系来控制公共产品的消费。

1956年,查尔斯·蒂布特(Charles Tiebout)发表了论文《一个地方支出的纯理论》,建立了著名的"地方公共产品供给模型"。蒂布特认为,萨缪尔森提出的理论仅适用于联邦政府,并不适用于地方政府,二者之间适用的原则是不同的。蒂布特认为,在公共产品提供领域同样存在竞争,不过这种竞争不以价格显现,而是通过居民对居住地的选择来体现。首先他提出了研究的假设:具有消费者和投票者双重身份的居民能够充分流动,将流向那些能够最好满足其公共产品偏好的地区;居民对各地公共产品收入—支出模式具有完全信息;有许多地区可以供居民选择;不考虑各地对就业机会的限制,所有的人都靠股息来维持生活;各地区的公共产品不存在外部性;每一种社区服务模式都是由城市管理者根据该社区原有住户的偏好来设定的;为降低平均成本,没有达到最优规模的社区将会试图吸引新的居民,超过了最优规模的社区将反之,处于最优规模的社区则力图保持其人口数量不变。在以上假设均成立的条件下,居民对同一个国家居住地的选择实际上就是对公共产品提供的选择。这种选择类似于公民在市场上选择私人物品,体现着居民的公共产品偏好。

詹姆斯·布坎南(James M. Buchanan)在1965年提出"俱乐部的经济"理论,他首次关注到了介于纯公共产品和私人物品之间的准公共产品,并对其进行了讨论。布坎南认为,某些公共产品具有公共性,但这种公共性是有范围的,使其又具有一定的私人物品的特性,这种介于纯公共物品和纯私人物品之间的产品就可以称之为俱乐部产品(Club Good)。俱乐部理论使公共产品的概念得以拓宽,认为只要是集体或社会团体决定,为了某种原因通过集体组织提供物品或服务,便是公共产品。相比于私人产

①[美]保罗·萨缪尔森,威廉·诺德豪斯.经济学[M].萧琛,等译,北京:人民邮电出版社,2008:321.

品,俱乐部产品具有非对抗性,即会员(Member)个体对俱乐部产品消费不会影响其他会员对该产品的消费。相对于纯公共产品,俱乐部产品的非对抗性却是有限的,即俱乐部产品具有纯公共产品不具有的排他性。当非对抗性达到临界点的时候,俱乐部产品的排他性就显现出来。例如图书馆、博物馆等基本公共文化服务设施,本身的使用是不具有对抗性的,当使用人数超过一定的数量的时候,超过非对抗性的界限,则无法为更多的人提供基本公共文化服务,排他性也就应运而生。

公共产品理论为确定提供基本公共文化服务的主体带来了一定的启示。毫无疑问的是,作为公共产品的基本公共文化服务也将面临市场调节失灵的状况,单单依靠市场是行不通的。因此,政府的主导在基本公共文化服务提供的过程中就显得尤为重要。同时,在基本公共文化服务过程中,遇到介于纯私人产品和纯公共产品之间的公共文化产品,市场是否可以参与提供,市场参与的界限又在哪里,公共产品理论也会给予一定的启发。

第一,从萨缪尔森定义的公共产品的非竞争性和非排他性来看,基本公共文化服务与公共产品属性具有一致性。首先是边际生产成本接近零,即每增加一名消费者所增加的成本接近零。如增加收听广播的人数并不会增加该广播节目的制作成本。其次是边际拥挤成本接近零,即每增加一名消费者不会影响其他消费者享用该产品的数量与质量。如使用电视收看节目,并不会影响其他人对该电视节目的收看。公共文化服务的属性使政府在公共文化服务提供中的地位尤为重要。

第二,公共产品的非排他性和非竞争性特征,致使它具有效用上的不可分性和受益的非排他性。即使某种公共产品带给人们的利益要大于生产的成本,私人也不愿提供这种产品,在公共产品消费中人们存在一种"搭便车"动机,每个人都想不付或少付成本享受公共产品。基本公共文化服务的特性导致其拥有者难以向其消费者收取费用,基本公共文化服务的供给者往往难以收回自己的成本,所以基本公共文化服务的提供者往往是具有一定公共性的组织。

第三,基本公共文化服务的公共性和持久的外部影响与公共产品具有相似性。公共文化对人的影响大多都是非物质形态的精神类影响,这种影响是深远且难以磨灭的,文化产品和服务一旦被公众普遍认可,服务于全体社会成员时就成为社会共同的文化财富,这就要求我们在对基本公共文化服务进行分析时不能仅仅依靠市场机制调节或是单单从经济利益角度出发,而是更多地从其社会利益角度出发,思考其公共性与公益性。

三、新公共管理理论

新公共管理理论的兴起正值政府面临着内外部双重压力之时。于内部,一直奉行的官僚主义导致体制僵化,部分人员做事不求有功,但求无过,政府公信力逐渐丧失。另一方面,福利国家的理念和大量的公共工程也为政府带来了巨大的财政压力。于外部,信息技术革命打破了政府对公共信息的垄断,全球化的国际竞争让商业管理理念逐渐深入人心。于是,新公共管理理论应运而生。新公共管理理论深受经济学的公共选择理论、委托代理理论、交易成本理论影响。最早提出新公共管理的是英国学者克里斯托弗·胡德(Christopher Hood),他比较了20世纪80年代经济合作与发展组织(OECD)国家的公共行政改革,并对其进行了归纳总结。[1]1962年,米尔顿·弗里德曼(Milton Friedman)出版了《资本主义与自由》一书,在该书中弗里德曼阐述了自己关于"小政府"的观点。"小政府"的"小"并不是指政府治理能力或是竞争力的弱小,而是空间规模的缩小,将政府的角色最小化以让市场自由运作。

1993年,迈克尔·哈默(Michael Hammer)与詹姆斯·钱皮(James A. Champy)合著的《再造企业:经营革命宣言》一书出版。该书强调了政府应当以业务流程为改造对象和中心,以顾客需求和满意度为目标,对现有业务流程进行再思考和彻底再设计,建立全新的组织结构,以提高效率、效能和质量。随后,马克·霍哲(Marc Holzer)提出把绩效评估作为改进绩效的一种管理工具。他以政府绩效作为切入点,设计了一整套具体的绩

---

①陈天祥.新公共管理:政府再造的理论与实践[M].北京:中国人民大学出版社,2007:16.

效评估流程。同时霍哲还着重强调了公民参与度,他认为没有公民参与的绩效评估所产生的绩效评估结果和绩效信息对政府政策和项目管理的意义十分有限。霍哲还研究了另一个重要的理论——基于回应性的政府全面质量管理。即建立起一套在以顾客为中心、持续改进、强调授权和协作基础上的全面质量管理。其目的在于通过引入政府全面质量管理,消除由于官僚制、利益集团以及专业化的结构所带来的回应性障碍,建立更具回应性以及以顾客为中心的公共机构。英国学者 E. 费利耶(Ewan Fe-lie)在《行动中的新公共管理》一书中总结了各国的不同于传统公共行政模式的实践,归纳总结出四种公共管理模式,即效率驱动模式、小型化分权模式、追求卓越模式、公共服务取向模式,并逐一对其进行解释,认为这四种模式代表着建立新公共管理理想模式的初步尝试。1996 年,B. 盖伊·彼得斯(B.Guy Peters)在《政府未来的治理模式》一书中提出了市场式治理模式、参与式治理模式、弹性式治理模式、解制式治理模式四种政府制模式。无论是费利耶还是彼得斯提出的政府模式都无法完全适用于目前的政府治理。

戴维·奥斯本在与特德·盖布勒合作撰写的《改革政府——企业家精神如何改革着公共部门》一书中提出了企业家政府的十个原则:(1)起催化作用的政府:掌舵而不是划桨;(2)社区拥有的政府:授权而不是服务;(3)竞争性政府:把竞争机制注入提供服务中去;(4)有使命感的政府:改变照章办事的组织;(5)讲究效果的政府:按效果而不是按投入拨款;(6)受顾客驱使的政府:满足顾客的需要,而不是官僚政治的需要;(7)有事业心的政府:有收益而不是浪费;(8)有预见的政府:预防而不是治疗;(9)分权的政府:从等级制到参与协作;(10)以市场为导向的政府:通过市场力量进行变革。戴维·奥斯本强调的是公共服务的多元供给模式,政府不应该沿袭原有的"大包大揽"公共服务提供模式,而是应当将部分原本由政府所承担的公共服务通过合同承包等方式委托给私营企业或第三部门。同时,政府应当在公共服务领域引入市场竞争机制与绩效管理,促进公共服务质量提高并以此提高顾客对政府的满意度。新公共管理理论取代传统政府管理理论,提倡以效率驱动为核心,以顾客为导向,采用市场模式与小型化与分权模式力图将企业管理和私人管理方法运用于公共部门,进行改革政府或重塑政府,可以为基本公共文化服务提供与评估给予参考。

第一,新公共管理理论中的顾客意识为基本公共文化服务供给提供导向。新公共管理理论强调,政府应当明确谁是他们的顾客。奥斯本认为,政府与企业最大的区别在于企业的经济效益直接来源于顾客,而政府却是来源于上级机关。这就造成了政府更多的将上级机关的考核结果作为衡量自己服务优劣的标准,而不是以公民的满意度为标准。首先应该明确的是政府所面对的首要顾客应该是公民,政府所提供的一切公共服务都应以人民为中心,以为人民服务为宗旨,以人民满意为使命,提供让人民满意的公共服务。这与基本公共文化服务供给侧结构性改革不谋而合。基本公共文化服务应当从供给侧出发,提高基本公共文化服务供给质量,促进基本公共文化服务的供给与人民提出的基本公共文化服务需求相对应,促进各要素之间的合理配置,优化基本公共文化服务供给体系,提高公共文化服务供给结构对需求变化的适应性与灵活性,坚持以人民为中心,满足人民的精神文化需求。

第二,新公共管理运动强调多元主体参与公共文化服务提供具有一致性。新公共管理理论认为,让公众参与到管理过程中是十分有必要的。一方面,政府应通过参与式的民主给公民授权,接受公民的监督。另一方面,政府应当学会将服务交给更加专业的个体或组织去完成。政府不需要提供所有的公共服务,而是负责将需要提供的公共服务交给专业人士,并对其提供公共服务的全过程进行监控,对其服务的效果进行测评,以保障公共服务的质量。党的十九届四中全会强调,要完善"党委领导、政府负责、民主协商、社会协同、公众参与、法治保障、科技支撑"的社会治理体系。这就表明基本公共文化服务的提供不能仅靠政府行政指令控制,而是应当注重市场机制在其中的调节作用,鼓励多元主体参与到基本公共文化服务建设中来,依据基本公共文化产品属性选择其供给方式。同时,政府在基本公共文化服务提供的过程中应当合理定位自身角色,正确处理好政府、企业与社会三者之间的关系,通过引导社会力量,让私营企业和第三部门参与到基本公共文化服务提供中来,鼓励和引导社会力量参与基本公共文化服务,与政府形成合力,切实提高基本公共文化服务质量。

第三,新公共管理理论所倡导的小型化的分权模式对基本公共文化服务提供具有一定的指导意义。新公共管理理论强调决策权与执行权的分离,推动政府行政管理从权力集中向分权化转变。分权的机构不仅比集权的机构有更多的灵活性,可以根据情况的变化和顾客的需求迅速做出反应,而且比集权的机构更有效率,更具有创新精神。而在分权机构工作的人员也更有责任感,效率也会更高。用平等协商取代命令式的指挥结构,同实际做事的人进行协商,通过说服的方式来做出决定并实施,用集思广益地协商替代命令与控制。当然这并不意味着政府的放任自流,而是通过对责任使命的说明,围绕核心价值观创造内部文化,让共同的价值观和使命取代条文规章,促使各级政府朝一个方向的共同努力。新公共管理理论对在基本公共文化服务提供中基层政府的重要性进行了说明。基本公共文化服务应由各级政府共同提供,基层政府无疑是其中的重要一环,作为基本公共文化服务最直接的提供者,切实提高基层公共文化服务水平是政府的重要任务之一。充分发挥基层文化服务中心和乡镇文化站在基本公共文化服务供给中的作用,促进基本公共文化服务体系的完善。

四、财政分权理论

所谓财政分权(Fiscal Decentralization),是指中央政府在给予地方政府一定的财政收支权利的基础上,允许地方政府独立决定自己的预算收支规模和结构,以提供更符合本地区实际需要的公共服务。学界大多将财政分权理论分为两个阶段来描述。

第一代财政分权理论(也称传统财政分权理论)主要代表人物有查尔斯·蒂布特(Charles Tiebout)、理查德·阿贝尔·马斯格雷夫(Richard Abel

Musgrave）、瓦勒斯·奥茨（Wallace E. Oates）等人。学术界公认的财政分权理论始于蒂布特1956年发表的《一个关于地方支出的纯理论》，后经蒂布特、斯蒂格勒、奥茨等人的发展，形成一个完整的理论体系。蒂布特在《地方支出的纯粹理论》一书中，在7个假设条件下构建了一个地方政府模型，提出地方政府提供不止一个各有差异的公共产品，居民会根据地方政府公共产品福利指数和自身偏好迁徙以选择符合自己偏好和需求的居住社区，即"用脚投票"。在居民可以充分流动的基础上，"用脚投票"带来的结果就是相同偏好和需求的居民会逐渐向同一社区靠拢，这也就引发了不同社区之间因人口迁徙而引发的竞争。该竞争可以优化资源配置，最后以达成帕累托最优，全社会均可享受高质量的公共服务。马斯格雷夫将经济发展分为三个时期——经济发展前期、中期、后期。并从针对这三个时期的政府公共服务投入分别进行探讨。在经济发展的初期，基础设施的外部效应较大，但由于其投入较大，收益少且周期长，导致私人部门不愿意或是没能力提供公共基础设施，导致市场在基础设施供给方面失去其效力，基础设施的不健全影响着国民经济发展，政府不得不介入。政府在这一阶段要加大基础设施的投入力度，为经济发展创造良好的投资环境，克服可能出现的基础设施"瓶颈"效应。在经济发展中期，此时的公共积累支出的增长率会暂时放慢，在社会总积累支出中的比重也会有所下降。在这个阶段，各项基础设施都逐渐完善，私人资本市场逐步成熟，政府在该阶段的角色是一个"补充者"，政府投资只需要作为私人投资的补充。当经济进入成熟期时，随着人均收入的不断增长，人们对生活质量的要求不断提高，现有的基础设施已经无法满足人们日益增长的物质文化需求，激发了对基础设施更新的需要。政府投资的增长率又有可能回升，公共积累支出又出现较高的增长率。1972年，奥茨在《财政联邦主义》一书中提出"分权理论"，即分散化提供公共产品的相对优势。奥茨认为，不同地区的居民对公共服务有不同的偏好，中央政府在全国范围内平均分配公共产品势必会造成对不同地区居民偏好的忽略。这种忽略使公共产品提供的效率降低，使资源配置达不到最佳的状态。因此，在一般情况下，因地方政府具有的"亲民性"，使得在公共产品配置中地方政府比中央政府更加具有优势。这一原则同样适用于上下级政府之间的选择。当上下级政府提供同种同质公共产品时,由下级政府提供将比上级政府更加具有效率。第二代财政分权理论的代表人物有哈维·罗森(Harvey S. Rosen)、罗纳德·麦金农(Ronald I. Mckinnon)等人。

第二代的财政分权理论在分析框架和方法上有所拓展,引入了当代经济管理及政治学、经济学的研究成果,不再局限于公共产品层次和市场供求关系,综合运用了激励相容与机制设计学说、委托—代理关系等,将政府间财政关系的研究推向了一个新的高度。第二代财政分权理论认为,在实施财政分权后,多级政府的结构会导致各级政府之间产生竞争。公民选择社区在充分考虑自身偏好后,会选择公共产品质量较好,政府服务水平较高的区域,避开那些管理不善的区域,这无疑将为政府带来无形的压力。地方政府在这种压力下就会进一步考虑自身在执政能力、公共服务能力方面的改善,从而促进社会资源得到最优的配置。相对于第一代财政分权理论,第二代财政分权理论假设的前提不再是将政府看作无私的公共服务提供者,而是将政府当作理性的经济人来看待。并且相对于第一代的财政分权理论从地方政府的合理性和必要性的角度来进行阐述,第二代财政分权理论的研究重点则更多地放在国民经济增长和地方政府行为上。区别于第一代财政分权理论,第二代财政分权理论更多地强调财政激励的重要性。财政分权理论对公共文化服务提供与评估具有一定的指导意义。不同地区具有不同的文化底蕴与文化特色,由国家统一提供基本公共文化服务无疑会造成对地区特色文化需求的忽视。财政分权理论对基本公共文化服务均等化责任主体及其评估提供了理论支撑。

第一,财政分权理论首先为政府在基本公共文化服务中主导地位提供了理论基础。财政分权理论认为,公共产品自身具有投资时间长、资金投入量大、回报慢的特性,私人企业无法提供,导致市场配置失灵。但公共产品对于国民经济发展的重要性是不可低估的,所以政府在公共产品领域的宏观调控就尤为重要。基本公共文化服务作为一种市场无法有效提供的公共产品,政府在该领域的重要性不言而喻。而公共文化本身又具有超生理性、超个人性及传递性的特点，无法对其产生的效果进行具体的量化且产生的影响极其深远，这就要求政府在公共服务领域占据绝对的主导地位，严格把握基本公共文化服务提供的方向。但政府不是万能的政府，方向的把握不是意味着政府在基本公共文化服务提供中"大包大揽"。政府在提供基本公共文化服务过程中应当做到"有的放矢"，抓住基本公共文化服务过程中的重点，采用政府购买等方式将部分市场可以配置的基本公共文化服务项目交由市场提供，以减轻政府的负担。

第二，财政分权理论关于"竞争政府"和"用脚投票"的论述为基本公共文化服务的评估提供一定的参考。财政分权理论主张无论是居民从利己角度谎报自己偏好的强烈动机，或是居民和公共管理者积极性的缺乏，都无法对地方性公共产品提供产生负面作用，因为居民实际上会采取"用脚投票"的方式来显示自己真实的偏好。这就要求地方政府必须有效率地提供居民所需要的基本公共文化服务，否则居民将迁往最符合他偏好的基本公共文化服务地区。政府间竞争就类似于私营企业之间为了争夺消费者而展开的竞争，竞争的结果是具有相同基本公共文化服务偏好的居民自动聚集到基本公共文化服务提供相对优质的某一区域，该地区的政府也将更有效率和质量的提供公共文化服务，而其他没有被选择的政府也将努力提高服务效率与质量，争取与被选择的地区政府持平甚至超过，以争取居民的支持，防止居民流失。在这种竞争状态下，社会全体居民基本公共文化服务的满意度都会得到提高。虽然"用脚投票"理论是在大量前提假设下方才成立，并不能将其作为基本公共文化服务均等化评估中的具体指标，但是公众对于基本公共文化服务的满意度却是可以通过访谈及问卷调查来测量的。本研究也将其作为衡量贫困地区基本公共文化服务均等化的主观指标。

第三，财政分权理论论证了地方政府在基本公共文化服务提供中的重要性与必要性。一是与中央政府相比，地方政府更接近公众，更了解辖区内居民对公共服务的选择偏好及效用；二是一国国内不同的人们有权利对不同种类与不同数量的公共服务进行投票表决，与之相适应，不同种类与不同数量的服务要求由不同级次、不同区域的政府来提供。在我国中央政府的宏观调控下,我国基本公共文化服务从总量上看并没有出现大量稀缺的状况,而如何了解人民群众对基本公共文化需求,切实做到提供人民满意的基本公共文化服务是目前政府亟待解决的问题。地方政府在对辖区内居民公共文化服务偏好信息的掌握上具有天然的信息优势,同时对于自身所拥有的公共文化服务资源也比较了解。地方政府应当组织提供符合当地实际情况的基本公共文化服务,大力推进基本公共文化服务供给侧改革,推动基本公共文化服务的供需相对接。财政分权理论认为,在相同产量的情况下,某一公共产品提供的成本在中央政府层面与地方政府层面相等时,该公共产品由地方政府提供要优于中央政府提供。这就要求在基本公共文化服务均等化的过程中,地方政府尤其是基层政府要承担起重要的职责,改善基层基本公共文化服务提供条件,加强基层综合性文化服务中心建设,巩固基层文化阵地,从供给侧入手,保障公民基本公共文化权益,打通基本公共文化服务"最后一千米",促进基本公共文化服务均等化。

本章小结

对基本公共文化服务均等化的探讨,必须首先知晓基本公共文化服务均等化的内涵。本研究所指代的基本公共文化服务,是指由政府主导、社会力量参与,以满足公民基本文化需求为主要目的而提供的基本公共文化设施、基本文化产品、基本文化活动以及其他相关服务。基本公共文化服务作为基本公共服务的主要内容之一,其均等化的实质就是指全体公民都能公平可及地获得大致均等的基本公共文化服务,即所追求的均等化不是平均化和无差异化的结果平等,而是全体公民都能大致均等地获得基本公共文化服务机会的均等。对于贫困地区而言,其基本公共文化服务均等化的实现必须以科学理论为指导。公平正义论可以为基本公共文化服务均等化范围界定及评判提供理论参考;公共产品理论可以为基本公共文化服务主体提供一定的理论参考;新公共管理理论可以为基本公共文化服务提供与评估给予参考;财政分权理论对基本公共文化服务均等化的责任主体及评估具有一定的指导意义。

第四章

贫困地区基本公共文化服务均等化政策演进及发展成效

　　本章主要梳理了国家层面和重庆市、湖南省、黑龙江省、宁夏回族自治区以及其贫困区县的基本公共文化服务均等化政策,通过阐述政策发展过程、内容与目标,总结贫困地区基本公共文化服务均等化的发展成效,从中提炼出主要经验,为贫困地区基本公共文化服务均等化发展奠定基础,更好更快地完善基本公共文化服务均等化体系。

第一节　贫困地区基本公共文化服务均等化 政策的框架

　　通过梳理基本公共文化服务均等化政策的演进,由此得出基本公共文化服务均等化政策在国家层面,省级、自治区、直辖市层面和县级层面的框架,继而分析基本公共文化服务均等化政策的主要目标和内容,为总结贫困地区基本公共文化服务均等化政策发展过程、发展成效和主要经验奠定基础。

一、国家层面基本公共文化服务均等化相关政策

　　政策保障是推动贫困地区基本公共文化服务均等化必不可少的前提条件。党的十八大以来,针对贫困地区基本公共文化服务体系建设起点低,基础差,投入不足,总体水平不高,与发达地区在设施建设、管理运行、人才队伍建设、服务效能提升等方面差距过大的现实,国家出台了一系列政策法规推动贫困地区基本公共文化服务均等化发展,并将其作为保障贫困地区居民公共文化权益,践行文化强国战略的重要途径的来予以推进。如在党的十八大报告中就明确提出:"扎实推进社会主义文化强国建设,坚持面向基层、服务群众,加快推进重点文化惠民工程,加大对农村和

欠发达地区文化建设的帮扶力度,继续推动公共文化服务设施向社会免费开放。"2013年1月21日,文化部发布了《文化部"十二五"时期公共文化服务体系建设实施纲要》,强调"深入实施文化援助帮扶计划。加大对革命老区、民族地区、边疆地区、贫困地区公共文化服务体系建设支持和帮扶力度。"2017年5月,文化部发布的《"十三五"时期文化扶贫工作实施方案》中,进一步明确指出,"必须贯彻落实国务院'十三五'脱贫攻坚规划,加大对文化扶贫工作的指导,促进文化在脱贫攻坚工作中重要作用的发挥。"

在党的十九大,对推进基本公共文化服务体系建设再次强调:"完善公共文化服务体系,深入实施文化惠民工程,丰富群众性文化活动。加强文物保护利用和文化遗产保护传承。健全现代文化产业体系和市场体系,创新生产经营机制,完善文化经济政策,培育新型文化业态,提高国家文化软实力。"2018年3月12日,文化部公共文化司发布了《2018年全国基层文化队伍培训工作计划》,强调"进一步加强基层文化队伍建设,为文化建设提供人才支撑,提高公共文化服务效能"。随后产业发展司、国家发展和改革委员会先后发布了《关于在文化领域推广政府和社会资本合作模式的指导意见》《加大力度推动社会领域公共服务补短板强弱项提质量促进形成强大国内市场的行动方案》等政策法规。2019年3月26日,文化和旅游部办公厅发布了《2019年全国基层文化和旅游公共服务队伍培训工作计划》,进一步强调了切实提高基层文化和旅游公共服务队伍素质能力,进一步加强基层文化和旅游公共服务队伍培训工作。2019年4月15日,中共中央国务院发布了《关于建立健全城乡融合发展体制机制和政策体系的意见》,明确提出要健全城乡公共文化服务体系,推动文化资源重点向乡村倾斜，提高服务的覆盖面和适用性（如表4-1所示）。

表4-1　党的十八大以来国家基本公共文化服务相关政策文件（部分）

时间	部门	政策名称	主要目标	关键词
2012-07-11	国务院	《国务院关于印发国家基本公共服务体系"十二五"规划的通知》	"十二五"时期，覆盖城乡居民的基本公共服务体系逐步完善，推进基本公共服务均等化取得明显进展；到2020年实现全面建成小康社会奋斗目标时，基本公共服务体系比较健全，城乡区域间基本公共服务差距明显缩小，争取基本实现基本公共服务均等化。	基本公共服务体系；基本公共服务均等化；城乡区域差距
2013-01-21	文化部	《文化部"十二五"时期公共文化服务体系建设实施纲要》	坚持政府主导，依循"保基本、强基层、建机制、重实效"的基本思路，完善覆盖城乡、结构合理、功能健全、实用高效的公共文化服务体系。	公共文化服务体系；政府主导
2013-05-23	文化部	《文化部社会组织管理暂行办法》	加强文化部业务主管社会组织的管理，促进社会组织规范健康发展。	社会组织；社会组织管理
2015-01-14	中共中央办公厅、国务院办公厅	《关于加快构建现代公共文化服务体系的意见》	到2020年，基本建成覆盖城乡、便捷高效、保基本、促公平的现代公共文化服务体系。	现代公共文化服务体系；均衡发展
2015-05-05	文化部、财政部、新闻出版广电总局、体育总局	《关于做好政府向社会力量购买公共文化服务工作的意见》	到2020年，在全国基本建立比较完善的政府向社会力量购买公共文化服务体系，公开政府向社会力量购买公共文化服务指导性目录。	政府购买；社会力量；公共文化服务
2015-10-2	国务院办公厅	《关于推进基层综合性文化服务中心建设的指导意见》	因地制宜推进基层综合性文化服务中心建设，促进基本公共文化服务标准化均等化，使基层公共文化服务得到全面加强和提升。	基层综合性文化服务中心；标准化；均等化

续表

时间	部门	政策名称	主要目标	关键词
2015-12-11	文化部等	《"十三五"时期贫困地区公共文化服务体系建设规划纲要》	到2020年，贫困地区公共文化服务能力和水平有明显改善，群众基本文化权益得到有效保障，基本公共文化服务主要指标接近全国平均水平。	贫困地区；公共文化服务体系建设
2016-03-17	文化部、国务院农民工工作领导小组办公室、中华全国总工会	《文化部、国务院农民工工作领导小组办公室、全国总工会关于进一步做好为农民工文化服务工作的意见》	到2020年，全面实现农民工平等享受城镇基本公共文化服务，为农民工文化服务的内容和手段更加丰富，服务效能显著提升，农民工群体融入城镇的文化隔阂进一步消除，基本公共文化服务标准化、均等化水平稳步提高。	农民工；城镇基本公共文化服务；文化服务工作
2016-12-25	全国人大常委会	《中华人民共和国公共文化服务保障法》	加强公共文化服务体系建设，丰富人民群众精神文化生活，传承中华优秀传统文化，弘扬社会主义核心价值观，增强文化自信，促进中国特色社会主义文化繁荣发展，提高全民族文明素质。	公共文化服务；保障法；文化自信
2016-12-29	文化部、新闻出版广电总局、体育总局、发展改革委、财政部	《关于印发〈关于推进县级文化馆图书馆总分馆制建设的指导意见〉的通知》	到2020年，全国具备条件的地区因地制宜建立起上下联通、服务优质、有效覆盖的县级文化馆、图书馆总分馆制，广大基层群众享受的基本公共文化服务内容更加丰富，途径更加便捷，质量显著提升，均等化水平稳步提高。	基本公共文化服务内容；县级文化馆图书馆；总分馆制建设；指导意见
2017-01-23	国务院	《国务院关于印发"十三五"推进基本公共服务均等化规划的通知》	到2020年，基本公共服务体系更加完善，体制机制更加健全，在学有所教、劳有所得、病有所医、老有所养、住有所居等方面持续取得新进展，基本公共服务均等化总体实现。	基本公共服务；均等化

续表

时间	部门	政策名称	主要目标	关键词
2017-02-23	文化部	《文化部"十三五"时期文化发展改革规划》	坚持政府主导、社会参与、重心下移、共建共享，以基本公共文化服务标准化均等化为突破口，立足人民群众基本文化需求，构建体现时代发展趋势、符合文化发展规律、具有中国特色的现代公共文化服务体系。	文化；发展；改革
2017-04-26	文化部	《文化部"十三五"时期文化科技创新规划》	到2020年，基本形成以市场为导向，以需求为牵引，以应用为驱动，以文化科技企业为技术创新主体的文化科技创新体系。	文化；科技创新
2017-05-04	文化部	《"十三五"时期繁荣群众文艺发展规划》	到2020年，完善群众文艺工作网络，健全创作生产机制，广大人民群众参与的主动性和积极性明显提高。	群众文艺；创作生产机制
2017-05-07	中共中央办公厅、国务院办公厅	《国家"十三五"时期文化发展改革规划纲要》	现代公共文化服务体系基本建成，基本公共文化服务标准化、均等化水平稳步提高，体现地方和民族特色的文化设施网络基本形成，公共文化供给与群众文化需求有效匹配。	基本公共文化服务；文化发展改革
2017-04-28	中宣部、文化部、财政部	《关于戏曲进乡村的实施方案》	以县为基本单位，组织各级各类戏曲演出团体深入农村基层，为农民提供戏曲等多种形式的文艺演出，增强广大农民群众对公共文化服务的获得感。	戏曲进乡村；获得感
2017-05-25	文化部	《"十三五"时期文化扶贫工作实施方案》	坚持精准扶贫、精准脱贫基本方略，到2020年，贫困地区文化发展总体水平接近或达到全国平均水平。	贫困地区；文化扶贫

续表

时间	部门	政策名称	主要目标	关键词
2017-08-01	文化部	《文化部"十三五"时期公共数字文化建设规划》	按照公益性、基本性、均等性和便利性要求,以现代信息技术为支撑,到2020年,基本建成现代公共数字文化服务体系。	现代信息技术;公共数字文化
2017-07-07	文化部	《"十三五"时期全国公共图书馆事业发展规划》	努力构建覆盖城乡、服务高效、惠及全民的公共图书馆服务网络,进一步推进全民阅读,增强人民群众对公共文化服务的获得感。	公共图书馆服务网络;公共文化服务获得感
2017-08-31	中宣部、文化部等	《关于深入推进公共文化机构法人治理结构改革的实施方案》	进一步提升管理水平和服务效能,增强活力,为人民群众提供更加优质高效的公共文化服务。	公共文化机构;法人治理结构
2017-11-04	全国人大常委会	《中华人民共和国公共图书馆法》	促进公共图书馆事业发展,发挥公共图书馆功能,保障公民基本文化权益,提高公民科学文化素质和社会文明程度。	公共图书馆;法律法规;文化权益
2018-03-12	文化部办公厅	《2018年全国基层文化队伍培训工作计划》	进一步加强基层文化队伍建设,为文化建设提供人才支撑,提高公共文化服务效能。	基层文化队伍;人才支撑
2018-10-31	国务院办公厅	《国务院办公厅关于保持基础设施领域补短板力度的指导意见》	深入推进易地扶贫搬迁工程,大力实施以工代赈,加强贫困地区特别是"三区三州"等深度贫困地区基础设施和基本公共服务设施建设。	贫困地区;补短板力度;基础设施;基本公共服务设施
2018-11-13	文化和旅游部、财政部	《关于在文化领域推广政府和社会资本合作模式的指导意见》	深化文化领域供给侧结构性改革,创新文化供给机制,引导社会资本积极参与文化领域政府和社会资本合作(PPP)项目。	文化供给机制;供给侧结构性改革;PPP项目

续表

时间	部门	政策名称	主要目标	关键词
2019-02-19	国家发展和改革委员会	《加大力度推动社会领域公共服务补短板强弱项提质量促进形成强大国内市场的行动方案》	推动基本公共文化服务均等化、加强优秀传统文化保护传承利用、完善重点地区旅游基础设施、提高公共文化服务效能。	社会领域；基本公共文化服务均等化；公共文化服务效能
2019-03-26	文化和旅游部办公厅	《2019年全国基层文化和旅游公共服务队伍培训工作计划》	切实提高基层文化和旅游公共服务队伍素质能力，进一步加强基层文化和旅游公共服务队伍培训工作。	基层文化队伍；队伍素质能力；培训工作
2019-04-15	中共中央国务院	《关于建立健全城乡融合发展体制机制和政策体系的意见》	统筹城乡公共文化设施布局、服务提供、队伍建设，推动文化资源重点向乡村倾斜，提高服务的覆盖面和适用性。	城乡融合；公共文化
2019-04-16	文化和旅游部办公厅	《公共数字文化工程融合创新发展实施方案》	构建基于宽带互联网、移动互联网、数字电视网的公共数字文化应用，在客户服务端统一服务平台、服务入口、服务界面，为基层群众提供一站式、集成式的公共数字文化服务。	一站式公共数字文化服务；集成式公共数字文化服务；智能化服务应用

二、重庆市基本公共文化服务均等化相关政策

党的十八大以来，重庆市以缩小城乡差距为目标，统筹城乡社会发展，打破二元分治体制，着眼基本公共文化服务均等化建设，发布了一系列相关政策文件。2015年，重庆市人民政府办公厅发布了《重庆市人民政府办公厅关于做好政府向社会力量购买公共文化服务工作的通知》，提

出要做好政府向社会力量购买公共文化服务工作,丰富公共文化供给。2016年,市政府办公厅发布了《关于印发推进基层综合性文化服务中心建设实施方案的通知》,旨在通过基层公共文化服务中心建设,促进基层公共文化服务均等化。2017年,市文化委先后发布了《重庆市国有美术馆服务规范》《重庆市文化馆服务规范(试行)》《重庆市公共图书馆服务规范》,对服务人民群众的公共文化场馆服务规范提出了明确要求。随后,在2018年,《关于促进非国有博物馆发展的意见》出台,提到要充分发挥非国有博物馆在公共文化服务体系的作用,努力满足人民群众过上美好生活的新期待。2019年,为了推动"三馆"更好的运行,提高公共文化服务效能,市文旅委发布了《重庆市国有博物馆服务规范》《重庆市文化馆服务规范(修订版)》《重庆市公共图书馆服务规范(修订版)》,对博物馆、文化馆与图书馆的管理和服务要求进行了细化(如表4-2所示)。

表4-2　重庆市基本公共文化服务相关政策文件(部分)

时间	部门	政策	目标任务	关键词
2015-09-20	重庆市人民政府办公厅	《重庆市人民政府办公厅关于做好政府向社会力量购买公共文化服务工作的通知》	做好政府向社会力量购买公共文化服务工作,坚持信息公开化、参与大众化、购买菜单化、供给社会化、程序规范化、绩效可量化、监管全程化。	政府购买;公共文化服务
2016-04-25	重庆市人民政府办公厅	《关于印发推进基层综合性文化服务中心建设实施方案的通知》	到2020年,全市乡镇(街道)和村(社区)普遍建成基层综合性公共文化设施和场所,基层公共文化服务效能明显提升,推动基层公共文化服务中心成为文化建设的重要阵地。	综合性文化服务中心
2017-11-01	重庆市文化委	《重庆市国有美术馆服务规范》	进一步加强全市国有美术馆的规范化建设,提高公共服务能力和管理水平,提高公众艺术修养和鉴赏能力。	国有美术馆;服务能力;服务规范

续表

时间	部门	政策	目标任务	关键词
2017-11-01	重庆市文化委	《重庆市文化馆服务规范（试行）》	切实履行公共文化服务职能，扎实开展好我市各级文化馆"免费开放"服务，有效提升文化馆的服务效能。	文化馆；服务内容；服务规范
2017-11-01	重庆市文化委	《重庆市公共图书馆服务规范》	促进我市公共图书馆事业的发展，保障公民基本文化权益，提高服务效能和管理效益。	公共图书馆；服务内容；服务规范
2018-01-23	重庆市文化委等	《关于促进非国有博物馆发展的意见》	充分发挥非国有博物馆在公共文化服务体系、传承中华优秀传统文化中的作用，促进全市博物馆事业健康发展，努力满足人民群众过上美好生活的新期待。	非国有博物馆；公共文化服务
2019-07-15	重庆市文化旅游委	《重庆市国有博物馆服务规范》	加强国有博物馆从业人员良好的职业道德修养，增强服务意识，优化服务质量，规范服务标准，展示良好形象，提升公众满意度。	国有博物馆；服务质量；公众满意度
2019-07-16	重庆市文化旅游委	《重庆市文化馆服务规范(修订版)》	坚持公益性、基本性、均等性、便利性原则，利用本馆设施设备为人民群众提供文艺辅导培训、群众文化活动、展览展示、群众文艺作品创作指导等健康向上的文化活动和服务。	文化馆；群众文化活动；基本性；均等性
2019-07-16	重庆市文化旅游委	《重庆市公共图书馆服务规范（修订版）》	按照公益性、基本性、均等性、便利性的要求，坚持以人为本，读者至上的服务理念，利用本馆文献资源、设施设备和馆员智慧为读者提供便捷、高效、优质的图书馆服务，满足公众文献信息需求。	公共图书馆；读者至上；便利性；均等性

三、湖南省基本公共文化服务均等化相关政策

党的十八大之后,湖南省委省政府围绕全面推进现代公共文化服务体系建设,出台了多项政策,为促进基本公共文化服务均等化提供了强有力的政策保障。2015年湖南省人民政府办公厅先后发布了《湖南省现代公共文化服务体系示范区创建工作方案》《中共湖南省委办公厅湖南省人民政府办公厅关于加快构建现代公共文化服务体系的实施意见》,提出要推进公共文化服务体制机制改革,加快构建具有湖南特色的现代基本公共文化服务体系。2016年,湖南省文化厅联合其他部门共同发布了《关于做好政府向社会力量购买公共文化服务工作的实施意见》,明确了要推动公共文化服务社会化发展。2017年,围绕县级文化馆、图书馆总分馆制度落实,省文化厅发布了《关于推进县级文化馆图书馆总分馆制建设的实施意见》。2018年,《关于开展乡镇综合文化站专项治理工作的通知》《湖南省现代公共文化服务体系建设三年行动计划》先后出台,提出要通过完善基层文化站工作,促进基本公共文化服务均等化水平稳步提高。2019年6月,为了破解湖南省公共数字文旅服务发展中存在的瓶颈,《湖南省文化和旅游厅关于加快推进"湖南公共文旅云"省级平台应用推广的通知》出台,对创新公共数字文旅服务业态,提升服务效能上做出了明确指导。目前,湖南省已经初步形成了覆盖城乡的基本公共文化服务网络,在实现基本公共文化服务均等化方面迈开了扎实的步子(如表4-3所示)。

表4-3　湖南省基本公共文化服务相关政策文件(部分)

时间	部门	政策	目标任务	关键词
2015-06-15	湖南省人民政府办公厅	《湖南省现代公共文化服务体系示范区创建工作方案》	率先建成现代公共文化服务体系,提供公共文化服务标准化、均等化建设的典型经验。	现代公共文化服务体系;示范区;创建工作

续表

时间	部门	政策	目标任务	关键词
2015-09-29	湖南省委办公厅、湖南省人民政府办公厅	《中共湖南省委办公厅湖南省人民政府办公厅关于加快构建现代公共文化服务体系的实施意见》	构建体现时代发展趋势、适应社会主义初级阶段基本国情和市场经济要求、符合文化发展规律、体现中国特色和具有湖南特点的现代公共文化服务体系，促进基本公共文化服务标准化、均等化。	公共文化服务体系；标准化；均等化
2016-01-12	湖南省文化厅、财政厅新闻出版广电局、体育局	《关于做好政府向社会力量购买公共文化服务工作的实施意见》	转变政府职能，推动公共文化服务社会化发展，逐步建立适应社会主义市场经济的公共文化服务供给机制。	政府购买；社会力量；公共文化服务
2017-05-17	湖南省文化厅	《关于推进县级文化馆图书馆总分馆制建设的实施意见》	优质公共文化服务延伸到基层农村，增加公共文化产品和服务供给，为更好地满足广大群众基本文化需求创造良好条件。	县级文化馆图书馆；总分馆制
2018-09-26	湖南省文化厅	湖南省文化厅关于转发《文化和旅游部关于开展乡镇综合文化站专项治理工作的通知》	解决当前部分地方乡镇综合文化站存在的设施闲置、人员不在岗、活动匮乏、基本公共文化服务项目不健全等突出问题，提升乡镇综合文化站服务效能。	乡镇文化站；服务效能；满意度

续表

时间	部门	政策	目标任务	关键词
2018-12-11	湖南省文化和旅游厅	《湖南省现代公共文化服务体系建设三年行动计划》	到2020年,基本建成覆盖城乡、便捷高效、保基本、促公平的现代公共文化服务体系,公共文化服务的内容和手段更加丰富,服务质量显著提升,人民群众基本文化权益得到更好保障,基本公共文化服务均等化水平稳步提高。	公共文化服务体系;服务质量;基本文化权益
2019-06-20	湖南省文化和旅游厅	《湖南省文化和旅游厅关于加快推进"湖南公共文旅云"省级平台应用推广的通知》	力争到2019年底,基本形成全省公共数字文旅资源服务总目录,统筹开展基层数字文旅资源配送,实现全省公共文化和旅游服务一个平台进入、一个平台预约、一个平台获取、一个平台评价。	公共数字文旅资源;基层数字文旅资源;订单式服务

四、宁夏回族自治区基本公共文化服务均等化相关政策

党的十八大以来,宁夏回族自治区人民政府在健全基本公共文化服务体系上不断作为,强化基层公共文化服务均等化建设。2015年,《宁夏回族自治区关于加快构建现代公共文化服务体系的实施意见》颁布,首次制定了基本公共文化服务均等化水平显著提升的工作目标。2016年5月,《自治区人民政府办公厅关于印发推进全区基层综合性文化服务中心建设实施方案的通知》出台,明确了基层基本公共文化服务的种类、数量、规模和质量要求。2017年5月,宁夏回族自治区人民政府办公厅印发了《宁夏公共文化服务体系"十三五"建设规划的通知》,从省级层次强调要构建具有宁夏特色的现代公共文化服务体系,促进基本公共文化服务标准化、均等

化。党的十九大召开之后,宁夏回族自治区积极落实中央政策,在推动基本公共文化服务建设上,相继发布了《关于贯彻落实〈党的十九大报告重要改革举措文化任务分工方案〉的通知》《关于推进县级文化馆图书馆总分馆制试点的通知》等政策,对各项基本公共文化服务工作做出了部署。2019年,宁夏回族自治区人民政府办公厅印发了《宁夏回族自治区完善促进消费体制机制工作方案(2019—2020年)》,提出要做好该区中南部贫困地区公共文化服务的"补短板"工作,对维护贫困群众基本文化权益提供了坚实的保障(如表4-4)。

表4-4　宁夏回族自治区基本公共文化服务相关政策文件(部分)

时间	部门	政策	目标任务	关键词
2015-10-14	宁夏回族自治区人民政府办公厅	《宁夏回族自治区关于加快构建现代公共文化服务体系的实施意见》	到2020年,基本建成覆盖城乡、便捷高效、保基本、促公平,具有宁夏特色的现代公共文化服务体系,基本公共文化服务标准化、均等化水平显著提升,人民群众基本公共文化权益得到更好保障。	宁夏;公共文化;公共文化服务体系
2016-05-16	宁夏回族自治区人民政府办公厅	《自治区人民政府办公厅关于印发推进全区基层综合性文化服务中心建设实施方案的通知》	推进基层公共文化资源有效整合和统筹利用,提升基层公共文化设施建设、管理和服务水平。	基层综合性文化服务中心建设
2017-02-07	宁夏回族自治区人民政府办公厅	《自治区人民政府办公厅关于印发宁夏公共文化服务体系"十三五"建设规划的通知》	到2020年,实现区、市、县、乡镇(街道)、村(社区)五级公共文化设施标准化,城乡和区域公共文化服务项目均等化。	公共文化服务体系;建设规划

续表

时间	部门	政策	目标任务	关键词
2018-05-17	宁夏回族自治区文化和旅游厅	《关于印发〈宁夏公共文化服务体系"十三五"建设规划中期评估工作方案〉的通知》	评估"十三五"建设规划实施情况,做好公共文化服务体系"十三五"建设规划中期评估工作。	公共文化服务体系;"十三五"建设规划;中期评估
2018-07-12	宁夏回族自治区文化和旅游厅	《关于贯彻落实〈党的十九大报告重要改革举措文化任务分工方案〉的通知》	为细化分工,落实责任,确保党的十九大报告重要改革举措明确的文化任务全面完成,制定本分工方案。	贯彻落实;文化任务
2018-07-20	宁夏回族自治区文化和旅游厅	《关于推进县级文化馆图书馆总分馆制试点的通知》	积极探索推进符合当地实际的县级文化馆图书馆总分馆制建设。	文化馆;图书馆;总分馆制试点
2018-10-19	宁夏回族自治区文化和旅游厅	《关于做好2018—2019年度标准化乡镇综合文化站建设的通知》	推进全区乡镇综合文化站标准化建设全覆盖,增强基层公共文化综合服务效能,切实保障群众基本文化权益。	乡镇;标准化;综合文化站
2019-09-24	宁夏回族自治区人民政府办公厅	《关于印发宁夏回族自治区完善促进消费体制机制工作方案(2019年—2020年)的通知》	深入实施文化扶贫惠民工程,补齐中南部贫困地区公共文化服务体系"短板"。	文化扶贫;公共文化服务体系

五、黑龙江省基本公共文化服务均等化相关政策

自党中央层面提出要构建现代公共文化服务体系以来,黑龙江省坚持面向广大群众、着眼人民需求、创新服务方式、强化服务供给,有效促进

了全省基本公共文化服务均等化发展。2015年,黑龙江省文化厅发布了《关于加快构建现代公共文化服务体系的实施意见》,明确了建成现代公共文化服务体系的目标。2016年,《黑龙江省"十三五"时期贫困地区公共文化服务体系建设工作方案》出台,提出了要全面推进基本公共文化服务均衡发展。2017年,黑龙江省人民政府办公厅先后发布了《黑龙江省推进基层综合性文化服务中心建设实施方案》《实施"百万文化能人培训工程"打造公共文化服务生力军》,对培养基层公共文化人才骨干,提升基层公共文化服务水平,促进基本公共文化服务均等化做出了详细部署和安排。2018年,省文化厅出台了《关于公布第三批省级公共文化服务体系示范区创建资格名单的通知》,提出要开展第三批省级公共文化服务体系示范区创建工作,加快推进全省公共文化服务体系建设。2019年4月,省文化旅游厅面向基层发布了《关于举办黑龙江省第二届"美丽家园 幸福生活"社区文化艺术节的通知》,旨在通过公共文化资源和服务的下移,促进基层文化建设高质量发展,丰富社区群众精神文化生活,让社区群众真正体验到文化惠民工程带来的实惠(如表4-5)。

表4-5　黑龙江省基本公共文化服务相关政策文件(部分)

时间	部门	政策	目标	关键词
2015-10-20	黑龙江省文化厅	《关于加快构建现代公共文化服务体系的实施意见》	基本建成覆盖城乡、便捷高效,保基本、促公平的现代公共文化服务体系。	现代公共文化服务体系;标准化;均等化
2016-08-13	黑龙江省文化厅	《黑龙江省"十三五"时期贫困地区公共文化服务体系建设工作方案》	进一步完善公共文化设施网络、全面推进基本公共文化服务均衡发展、增强贫困地区公共文化发展活力。	贫困地区;公共文化服务体系建设
2017-02-13	黑龙江省人民政府办公厅	《黑龙江省人民政府办公厅关于印发黑龙江省推进基层综合性文化服务中心建设实施方案的通知》	保障群众基本文化权益,因地制宜推进基层综合性文化服务中心建设,全面提升基层公共文化服务水平,促进基本公共文化服务标准化、均等化。	基层综合性文化服务中心建设;实施方案

续表

时间	部门	政策	目标	关键词
2017-04-21	黑龙江省文化和旅游厅	《实施"百万文化能人培训工程"打造公共文化服务生力军》	推进现代公共服务体系建设,针对基层公共文化服务队伍结构不合理、数量偏少、技能单一等实际情况,全方位、多渠道、分层次培养公共文化服务人才骨干。	"百万文化能人培训工程";基层文化需求;公共文化服务生力军
2017-10-17	黑龙江省人民政府办公厅	《黑龙江省人民政府办公厅关于政府向社会力量购买服务的实施意见》	进一步转变政府职能,改善公共服务。	政府购买;社会力量
2018-01-18	黑龙江省文化厅	《关于公布第三批省级公共文化服务体系示范区创建资格名单的通知》	为加快推进全省公共文化服务体系建设,省文化厅决定开展第三批省级公共文化服务体系示范区创建工作。	公共文化服务体系;示范区创建;资格名单
2019-04-09	黑龙江省文化旅游厅	《关于举办黑龙江省第二届"美丽家园 幸福生活"社区文化艺术节的通知》	以"美丽家园•幸福生活"为主题,在新中国成立70周年之际,举办系列群众文化活动,充分展示新时代广大龙江群众安居乐业、建设美好家园的精神风貌。	社区;文化艺术节

六、县级基本公共文化服务均等化相关政策

(一)重庆市县级基本公共文化服务均等化相关政策

根据国务院、中央人民政府办公厅、文化和旅游部以及重庆市人民政府、文化和旅游发展委员会等颁布的政策和工作方案,重庆市各贫困县(区)也相应出台了有关政策,譬如重庆市城口县文化体育局发布了《城口县公共文化精准扶贫实施方案》,将文化与旅游等产业融合,发掘、保护、打造一批特色文化乡村及特色文化产业,促进贫困地区基本公共文化服

务发展。重庆石柱县政府发布了《关于进一步加强文物保护利用管理工作的实施意见》，提出要强化文化的公共文化服务功能，保障人民群众基本文化权益。丰都县政府办公室发布了《丰都县进一步激发社会领域投资活力实施方案的通知》《关于做好公共服务事项清理及标准化工作的通知》，提出要努力增加产品和服务供给，提供与群众日常生活密切相关的公共文化服务。2019年，丰都县政府办公室印发了《丰都县文艺精品创作扶持暂行办法的通知》，以期通过引导和激励广大文艺工作者的创作，满足人民群众不断增长的精神文化需求，进一步推动公共文化服务均等化进程（如表4-6所示）。

表4-6　重庆市县级基本公共文化服务相关政策文件（部分）

时间	部门	政策	目标任务	关键词
2015-08-27	城口县文化体育局	《城口县公共文化精准扶贫实施方案》	按照政府主导、部门合作、专家引领、农户参与的原则，将文化与旅游等产业融合，发掘、保护、打造一批乡村特色文化及特色文化产业，助推农户增收脱贫致富。	公共文化；精准扶贫；特色文化
2016-08-31	石柱县人民政府	《关于进一步加强文物保护利用管理工作的实施意见》	发挥政府主导作用，强化文物的公共文化服务和社会教育功能，保障人民群众基本文化权益，共享文物保护利用成果。	文化；公共文化
2017-11-29	丰都县人民政府办公室	《关于印发丰都县进一步激发社会领域投资活力实施方案的通知》	鼓励社会力量与国有文化文物单位深度合作，适时将文化创意产品开发试点扩大至符合条件的演剧院、文化馆、图书馆等公共文化机构。	公共文化；社会力量
2018-08-03	丰都县人民政府办公室	《关于做好公共服务事项清理及标准化工作的通知》	加快推进我县公共服务事项清理上线工作，全面公开公共服务事项，提升公共服务标准化、信息化水平，解决公共服务随意性大、办理不便等问题，进一步提高政府工作效率和服务水平。	公共服务；公共文化

续表

时间	部门	政策	目标任务	关键词
2019-03-25	丰都县人民政府办公室	《关于印发丰都县文艺精品创作扶持暂行办法的通知》	引导和激励广大文艺工作者创作更多更好的精神文化产品,满足人民群众不断增长的精神文化需求。	文艺精品

(二)湖南省县级基本公共文化服务均等化相关政策

湖南省积极贯彻落实中央有关基本公共文化服务均等化的政策文件,同时,各贫困县根据自身发展的现状,因地制宜地出台了各项基本公共文化服务政策。譬如湖南省凤凰县大力开展文化人才支持计划,着力构建文化人才支援农村文化建设新格局,先后发布了《2016年凤凰县"三区"人才支持计划工作方案》和《凤凰县旅文局关于开展2017年度"三区"人才支持计划文化工作者工作通知》。平江县在贯彻落实中央政府和省政府的政策指导基础上,着力构建文化人才支援农村文化建设新格局,加快推进全面建成小康社会步伐,满足人民日益增长的美好生活需要,并结合本县实际情况发布了《平江县政府购买服务管理(试行)办法》《平江县文化事业"十三五"发展规划提纲》,提出要发展政府购买服务,以满足人民群众的基本文化需求,让人民群众共享发展成果。2019年5月,保靖县文化旅游广电局出台了《关于公布保靖县公共文化服务目录的通知》,对公共文化服务项目、实施标准、服务时间、服务地点和承担单位做出了安排(如表4-7所示)。

表4-7　湖南省县级基本公共文化服务相关政策文件(部分)

时间	部门	政策	目标任务	关键词
2015-12-28	平江县人民政府办公室	《关于印发〈平江县政府购买服务管理(试行)办法〉的通知》	提高公共服务的质量和效率,不断满足人民群众对公共服务的需求。	公共服务;政府购买

续表

时间	部门	政策	目标任务	关键词
2016-07-07	凤凰县旅文局	《2016年凤凰县"三区"人才支持计划工作方案》	切实抓好我县"三区"人才支持计划工作，着力构建文化人才支援农村文化建设新格局，加快推进全面建成小康社会步伐。	"三区"人才支持计划；农村文化建设
2017-05-23	平江县文广新局	《平江县文化事业"十三五"发展规划提纲》	主动适应经济发展新常态，促进文化事业和文化产业全面发展，以满足人民群众的基本文化需求，让人民群众共享发展成果。	文化事业；文化产业；发展规划
2018-03-05	凤凰县旅文局	《凤凰县旅文局关于开展2017年度"三区"人才支持计划文化工作者工作通知》	切实抓好我县"三区"人才支持计划工作，着力构建文化人才支援农村文化建设新格局，加快推进全面建成小康社会步伐，满足人民日益增长的美好生活需要。	"三区"人才支持计划；农村文化建设；文化工作者
2019-05-24	保靖县文化旅游广电局	《关于公布保靖县公共文化服务目录的通知》	保障并实现好群众基本文化权益，满足群众基本文化需求，规范基本公共文化服务行为。	公共文化服务目录

（三）宁夏回族自治区县级基本公共文化服务均等化相关政策

宁夏回族自治区在积极贯彻落实中央有关基本公共文化服务均等化的政策文件的基础上，还积极结合自身发展的现状，出台了相应的工作方针和实施方案，进一步将基本公共文化服务均等化落到实处。譬如同心县文化旅游体育广电局分别发布了《同心县图书馆免费开放工作实施方案》《同心县政府向社会力量购买公共文化服务工作的实施意见》，提到着眼于保障公民基本文化权益，促进公共文化服务均等化。海原县政府办公室发布了《关于印发海原县村综合文化服务中心管理暂行办法的通知》,旨在通过强化村综合文化服务中心的管理,推动基层公共文化建设。彭阳县文广局发布了《彭阳县文广局关于加强乡镇政府服务能力建设的实施方案》,提出到2020年,全面建成覆盖城乡、结构合理、功能健全、实用高效的公共文化服务体系。2019年1月,原州区发布了《关于印发原州区创建国家公共文化服务体系示范区建设规划(2018—2020)的通知》,对该区创建公共文化服务体系示范区的原则、主要任务做出了详细的安排(如表4-8所示)。

表4-8 宁夏回族自治区县级基本公共文化服务相关政策文件(部分)

时间	部门	政策	目标任务	关键词
2015-04-07	同心县文化旅游体育广电局	《同心县图书馆免费开放工作实施方案》	着眼于保障公民基本文化权益,促进基本公共文化服务均等化。	图书馆;免费开放
2016-09-06	同心县文化旅游体育广电局	《同心县政府向社会力量购买公共文化服务工作的实施意见》	推动公共文化服务市场化、多元化、社会化发展,促进公共文化服务标准化、均等化。	公共文化服务;政府购买
2017-11-27	海原县人民政府办公室	《关于印发海原县村综合文化服务中心管理暂行办法的通知》	村综合文化服务中心主要依托村委会办公场所,整合宣传文化、党员教育、科技普法、广播影视、农家书屋、体育健身等功能于一体,是文化建设的重要阵地和提供公共服务的综合平台。	综合文化服务中心;文化建设
2018-06-29	彭阳县文广局	《彭阳县文广局关于加强乡镇政府服务能力建设的实施方案》	到2020年,全面建成覆盖城乡、结构合理、功能健全、实用高效的公共文化服务体系,切实保障人民群众的基本文化权益。	乡镇政府;服务能力建设;基本文化权益

续表

时间	部门	政策	目标任务	关键词
2019-01-05	原州区政府办	《关于印发原州区创建国家公共文化服务体系示范区建设规划（2018—2020）的通知》	以脱贫攻坚为统揽,以文化扶贫为主线,以改革创新为动力,以基层为重点,着力构建体现时代发展趋势、适应基本区情和群众文化需求、具有原州特色的现代公共文化服务体系。	公共文化服务体系示范区

（四）黑龙江省县级基本公共文化服务均等化相关政策

在国务院、中央人民政府、文化和旅游部以及黑龙江省人民政府、文化和旅游厅制定了相应政策的基础上,黑龙江省各贫困县结合省委、省政府的政策要求,同步制定了工作措施,明确了工作责任,制定了时间表和路线图,为推进基本公共文化服务均等化奠定了坚实的政策基础。如拜泉县在《拜泉县国民经济和社会发展第十二个五年规划纲要》中,就提出要逐步构建覆盖城乡的公共文体服务体系。饶河县人民政府办公厅发布了《关于印发饶河县2017年广播电视扶贫工作实施方案的通知》,强调打通贫困村广播电视服务"最后一千米",全面完成全县广播电视扶贫指标。海伦市政府办公厅发布《关于公布第五批县级非物质文化遗产名录的通知》,以期通过发挥非物质文化遗产在公共文化服务体系的作用,满足人民群众的文化需求。甘南县政府则发布了《关于印发2019年政府工作报告任务分解表的通知》,详细部署了新时代农村基层公共文化建设的任务,对促进基本公共文化均等化的实现提供了坚实的保障(如表4-9所示)。

表4-9 黑龙江省县级基本公共文化服务相关政策文件（部分）

时间	部门	政策	目标	关键词
2015-04-15	拜泉县人民政府办公厅	《拜泉县国民经济和社会发展第十二个五年规划纲要》	以争创全国文化先进县为目标,加强文体基础设施建设,逐步构建覆盖城乡的公共文体服务体系。	公共文体服务体系

续表

时间	部门	政策	目标	关键词
2016-12-01	拜泉县文化广电体育局	《拜泉县文化广电体育局"双随机"抽查监管实施细则》	规范文化行政执法行为,创新文化市场管理方式,提高监管效能,激发市场活力。	"双随机";抽查监管;文化市场管理
2017-09-30	饶河县人民政府办公室	《关于印发饶河县2017年广播电视扶贫工作实施方案的通知》	打通贫困村广播电视服务"最后一千米",真正实现文化惠民。	广播电视;扶贫工作;文化惠民
2018-06-25	海伦市人民政府办公厅	《关于公布第五批县级非物质文化遗产名录的通知》	建立各级非物质文化遗产体系,切实加强对非物质文化遗产的研究、认定、保存和传播工作。	非物质文化遗产
2019-03-14	甘南县人民政府办公室	《关于印发2019年政府工作报告任务分解表的通知》	强化农村文化基础设施建设,新建文化大院10个。	农村文化;基础设施建设

第二节　贫困地区基本公共文化服务均等化政策的发展过程

在对贫困地区基本公共文化服务政策进行梳理的基础上,进一步以时间为序,系统地分析政策背景、政策措施与内容,以此来把握政策的演进脉络。

一、贫困地区基本公共文化服务均等化政策的时序概览

自2012年以来,党中央、国务院及文旅部围绕基本公共文化服务这一主题,颁布了多项政策文件。基于国家层面的政策举措,各地级市在深入贯彻落实国家相关规定的基础上,也出台了与之相关的制度安排,有力保障了贫困地区人民群众的公共文化权益,推动了基本公共文化服务均等化发展,具体见表4-10。

表4-10　贫困地区基本公共文化服务均等化政策时序概览

时间	政策背景	政策措施	政策内容
2012-07-11	《中华人民共和国国民经济和社会发展第十二个五年规划纲要》的有关要求	国务院关于印发国家基本公共服务体系"十二五"规划的通知	到2020年实现全面建成小康社会奋斗目标时,基本公共服务体系比较健全,城乡区域间基本公共服务差距明显缩小,争取基本实现基本公共服务均等化。
2013-01-14	《国家基本公共服务体系"十二五"规划》《国家"十二五"时期文化改革发展规划纲要》《文化部"十二五"时期文化改革发展规划》有关要求	文化部"十二五"时期公共文化服务体系建设实施纲要	坚持政府主导,依循"保基本、强基层、建机制、重实效"的基本思路,完善覆盖城乡、结构合理、功能健全、实用高效的公共文化服务体系。
2015-09-29	《中共中央办公厅国务院办公厅印发〈关于加快构建现代公共文化服务体系的意见〉的通知》(中办发〔2015〕2号)精神	中共湖南省委办公厅湖南省人民政府办公厅关于加快构建现代公共文化服务体系的实施意见	构建体现时代发展趋势、适应社会主义初级阶段基本国情和市场经济要求、符合文化发展规律、体现中国特色和具有湖南特点的现代公共文化服务体系,促进基本公共文化服务标准化、均等化。

续表

时间	政策背景	政策措施	政策内容
2015-10-14	《中共中央办公厅国务院办公厅印发〈关于加快构建现代公共文化服务体系的意见〉的通知》(中办发〔2015〕2号)精神	宁夏回族自治区关于加快构建现代公共文化服务体系的实施意见	到2020年,基本建成覆盖城乡、便捷高效、保基本、促公平、具有宁夏特色的现代公共文化服务体系,基本公共文化服务标准化、均等化水平显著提升,人民群众基本公共文化权益得到更好保障。
2016-08-13	《"十三五"时期贫困地区公共文化服务体系建设规划纲要》和《中共黑龙江省委黑龙江省人民政府关于打赢脱贫攻坚战的实施意见》《黑龙江省关于加快构建现代公共文化服务体系的实施意见》精神	黑龙江省"十三五"时期贫困地区公共文化服务体系建设工作方案	进一步完善公共文化设施网络、全面推进基本公共文化服务均衡发展、增强贫困地区公共文化发展活力。
2017-01-23	《中华人民共和国国民经济和社会发展第十三个五年规划纲要》的有关要求	国务院关于印发"十三五"推进基本公共服务均等化规划的通知	到2020年,基本公共服务体系更加完善,体制机制更加健全,在学有所教、劳有所得、病有所医、老有所养、住有所居等方面持续取得新进展,基本公共服务均等化总体实现。
2017-02-23	《中华人民共和国国民经济和社会发展第十三个五年规划纲要》的有关要求	文化部"十三五"时期文化发展改革规划	以基本公共文化服务标准化均等化为突破口,立足人民群众基本文化需求,构建体现时代发展趋势、符合文化发展规律、具有中国特色的现代公共文化服务体系。

续表

时间	政策背景	政策措施	政策内容
2017-05-07	《中共中央关于制定国民经济和社会发展第十三个五年规划的建议》和《中华人民共和国国民经济和社会发展第十三个五年规划纲要》的有关要求	国家"十三五"时期文化发展改革规划纲要	现代公共文化服务体系基本建成,基本公共文化服务标准化、均等化水平稳步提高,体现地方和民族特色的文化设施网络基本形成,公共文化供给与群众文化需求有效匹配。
2017-05-25	按照党中央、国务院决策部署,坚持精准扶贫、精准脱贫基本方略	"十三五"时期文化扶贫工作实施方案	坚持精准扶贫、精准脱贫基本方略,到2020年,贫困地区文化发展总体水平接近或达到全国平均水平。
2017-12-29	《宁夏回族自治区关于加快构建现代公共文化服务体系的实施意见》有关要求	宁夏回族自治区彭阳县政府购买公共文化服务的实施意见	建立政府购买公共文化产品为公众提供服务机制,鼓励社会力量参与公共文化服务,最大限度地发挥文化引领社会、教育人民、推动发展的功能,促进文化大发展大繁荣。
2018-06-29	《关于全面做好2018年乡镇政府服务能力建设工作的通知》(宁社建办发〔2018〕1号)的有关要求	宁夏回族自治区彭阳县文广局关于加强乡镇政府服务能力建设的实施方案	到2020年,全面建成覆盖城乡、结构合理、功能健全、实用高效的公共文化服务体系,切实保障人民群众的基本文化权益。
2019-02-19	按照高质量发展要求,对接脱贫攻坚、乡村振兴、科教兴国、健康中国、创新驱动等国家战略	《加大力度推动社会领域公共服务补短板强弱项提质量促进形成强大国内市场的行动方案》	推动基本公共文化服务均等化,加强优秀传统文化保护传承利用、完善重点地区旅游基础设施、提高公共文化服务效能。

二、贫困地区基本公共文化服务均等化政策的主要特征

通过梳理国家和地方基本公共文化服务政策的目标任务、主要内容和关键词，可以发现党的十八大以来我国贫困地区基本公共文化服务政策演进具有以下三个基本特征：

(一)政策目标从充足性向公平性转变

充足性目标要求特定的政策效应，说明一定的政策问题、政策诉求及目标人群的需要、价值和机会的契合程度与满足情况。公平性目标则更多地关注"所获取的更多的收益到底为了谁?"党的十六大至十七大期间，国家和地方有关基本公共文化服务文件的内容主要强调服务供给、明确服务标准、优化服务供给、提升服务效能。党的十八大以来，党和政府越来越多地强调基本公共文化服务在地区之间、城乡之间、人群之间的基本均等，保证人人享有平等的参与机会，体现出政策目标导向正从充足性向公平性转换。党的十九大之后，中国特色社会主义进入新时代，我国社会主要矛盾已经转化为人民日益增长的美好生活需要和不平衡不充分的发展之间的矛盾，在基本公共文化服务体系上，更加注重均等化，对公平性的追求成为这一时期的突出特征。深入分析重庆、湖南、宁夏、黑龙江等省级和县级政府有关基本公共文化服务政策文件的指导思想、目标任务和主要内容，不难发现，贫困地区基本公共文化服务政策目标也遵循了这样的演变逻辑，逐渐从充足性，即构建国家基本公共文化服务体系、满足公民基本公共文化服务需要，转向公平性，即基本公共文化产品和服务的利益分配是否达到一定的公平或均衡标准。

(二)政策理念回归公益性价值导向

公益服务体系建设是在事业单位分类改革部署中提出的战略目标，改革政策要求事业单位应是公益服务的主要载体。《中共中央国务院关于分类推进事业单位改革的指导意见》(以下简称《指导意见》)明确要求到2020年"形成中国特色公益服务体系"，正式把公益服务体系建设作为改

革目标,凸显改革的针对性——事业单位,改革的重点领域——教科文卫等社会事业,改革的价值取向——回归公益性。与提供有偿服务的文化产业改革方向相比,基本公共文化服务强调公益性、无偿性、普惠性原则,公共图书馆、公共文化馆、公共博物馆等文化设施免费向社会开放,进一步要求基层、社区文化设施免费开放,开展送戏下乡、送电影下乡等活动,并通过一系列制度文件建立了经费、人员的保障机制。与此同时,明确了基本公共文化服务的公益性质,即以政府为主导、以事业单位为主体、社会力量广泛参与、市场机制充分作用,提供教育、科技、卫生、文化、社会保障等多类型、多样化服务的行为体系。

(三)政策制定执行坚持"以人民为中心"的思想

一个国家公共政策的制定和执行情况从来就离不开所在国家公民的配合程度和参与精神。虽然,许多中国的公共政策来自人民群众的"创意"和表达,但总体上仍然摆脱不了"重服从、轻参与"的事实。党的十八大以来我国基本公共文化服务政策演进的一大特征就是政策制定充分尊重民意、政策靶向瞄准百姓需求、政策评价立足对象满意。如《关于加快构建现代公共文化服务体系的意见》要求在公共文化服务体系建设中统筹考虑群众的基本文化需求和多样化文化需求。《"十三五"时期贫困地区公共文化服务体系建设规划纲要》强调建立多样化的群众需求反馈和评价机制,重视群众参与率、受益率和满意度。党的十九大报告中,明确提出"把人民对美好生活的向往作为奋斗目标",因此,人民群众对基本公共文化服务的需求成为了之后政策制定的基本遵循。在政策实践层面,从文化部到各地方主管部门,基本公共文化服务政策的制定和执行都较好地落实了听证、咨询、公示、监督制度,广泛倾听人民群众的意见,让广大人民群众参与其中,以此来充分体现人民群众在基本公共文化服务中的"获得感"。

第三节 贫困地区基本公共文化服务均等化政策的发展成效

近年来,贫困地区以"保障群众基本文化权益、满足居民公共文化需求"为诉求,在公共文化服务设施建设、资源开发、人才培养和条件保障等方面取得了长足进步,基本公共文化服务效能逐步提升,基本公共文化服务均等化取得实质进展。主要表现为:

一、基本公共文化服务能力显著提高

近年来,贫困地区政府通过现代公共文化服务体系建设,着力丰富公共文化服务供给,扎实推进文化惠民工作,基本公共文化服务能力显著提升。如黑龙江省通过增加县级财政拨款,加大对公共文化的投入力度,使得其境内兰西、拜泉等贫困县的基本公共文化基础设施建设有了巨大的提升,逐步建成了"县城—乡镇—村居"三级联动的基层公共文化服务体系,广播、电视实现了无线数字化覆盖,县级文化机构建设达标率不断提高,部分农村建起了综合文化服务中心,配有图书杂志、民俗乐器、健身器材等文化活动设施,基本公共文化服务能力得到了明显的提高。另外,一些地区还通过创新形式,有效提升了公共文化服务的水平。如宁夏海原县针对乡镇综合文化站推行了"公建民营公助"管理运营模式,即由政府投入建设,乡镇文化站管理,民间文化协会运行,有效盘活了乡镇文化资源。据统计,近年来,海原县乡镇文化站开展农村文化活动场次1100场以上,切实保障了基层群众的文化权益。

二、基本公共文化服务内容不断丰富

在基本公共文化服务的供给上,除了向群众提供广播电视、图书报刊等常规性的服务外,贫困地区的公共文化服务部门坚持"重心下移、资源

下移、服务下移"的工作原则,通过政府组织、市场购买、社会参与、自我服务等途径,结合当地民众需求,不断丰富基本公共文化服务内容。如重庆丰都县文化委,通过购买服务等形式,广泛开展群众文化活动,其中开展文化进村活动1700余场,惠及52万人次,先后承办庙会街头大巡游、全民艺术普及作品巡回展等群众文化活动10余场。此外,丰都还结合民众需求,打造了一批具有地方特色,且群众喜闻乐见的公共文化品牌项目,如图书托管所、图娘四点半、图书随身听,满足了群众多样化的文化需求。重庆丰都县依托当地"巾帼夜校"文化品牌,为妇女群众提供相关培训,据统计,2018年丰都"巾帼夜校"成功举办春季班、夏季班和秋季班3轮培训,共开设了26个班次,培训人次达800余人。

三、基本公共文化服务方式持续创新

贫困地区立足自身特点、整合外部资源,走出了一条"借力发展、合作共赢"的服务新路子。一是与市场结合,创新供给方式。如黑龙江省拜泉县在基本公共文化服务供给过程中积极引入市场力量,通过与艺术培训机构合作,由政府提供资金、艺术学校提供演员的方式送戏下乡,受到群众一致好评。二是与社会结合,提高资源利用效率。如湖南省花垣县公共文化机构与当地政府机关、企事业单位、学校和非营利组织等开展密切合作,将公共文化服务从坐等上门转变为向村社基层送服务,将图书室、文化室设在政府大院、居民小区、学校超市等人群密集场所,主动走向社会,走进老百姓,推动了基本公共文化服务资源下沉,为群众参与基本公共文化服务提供了便利,提高了基本公共文化服务资源利用效率。三是与互联网结合,扩大服务面积。即通过促进公共文化服务供给方式由传统服务向数字化服务转变,以此来提升服务效能。如黑龙江省拜泉推行了贫困地区公共数字文化服务提档升级工程,通过对该县6个乡镇,7个文化试点村建设文化驿站,以实现全县数字建设服务全覆盖,为广大群众享受基本公共文化服务提供条件。

四、文化扶贫功能逐渐显现

文化兼具社会效益与经济效益。我国贫困地区,拥有悠久的文化传统与丰富的文化资源,将贫困地区的特色文化与产业发展相结合,在传承保护与发展传统文化的基础上,有针对性地合理开发文化资源,具有重要的反贫困意义,不仅有助于更新文化产业的产品和形式,丰富文化产品的内容,还能够有效刺激贫困地区形成经济的增长点。因此,不少贫困地区依托特色文化资源发展特色文化产业,大力开发具有富民效应和示范效应的文化产业集聚区和特色文化产业项目,带动贫困人口就业增收,推动贫困地区文化资源优势转变为经济优势。如湖南省花垣县以当地苗绣文化为基础,发掘苗绣能人、组建苗绣公司、扶持苗绣产业,开发出一系列独具地方特色的苗绣产品并推向全国市场,打响了"十八洞村"苗绣品牌,不仅提高了当地居民收入水平,而且实现了非物质文化遗产保护开发,文化产业、基层文化服务和文化扶贫融合发展。宁夏海原县以当地非物质文化遗产孵化创业基地为依托,外引内联,组建龙头企业,打造了"海原回绣""海原剪纸"文化产业品牌,带动了当地农村发展,帮助96个脱贫村的建档立卡妇女实现了就业增收。

第四节　贫困地区基本公共文化服务均等化政策实施的主要经验

通过对贫困地区基本公共文化服务均等化政策的梳理,明晰了贫困地区基本公共文化服务均等化的发展历程,总结了贫困地区在推进基本公共文化服务均等化方面取得的实质性进展。本节通过总结贫困地区在推进基本公共文化服务均等化政策的主要经验,为其他地区实现基本公共文化服务均等化发展提供经验借鉴与参考。

一、服务重心下移

公共文化服务机构的设置是为了让公民享有公平的文化权利,保障公民基本公共文化权益的实现。当前,贫困地区基本公共文化服务均等化的经验之一是通过服务中心的下移,实现基本公共文化资源下沉,深入群众日常工作和生活场所,让更多的民众能够参与到公共文化活动中来,享受到公共文化发展的成果。如重庆市丰都县,就通过将公共文化服务网络进一步延伸到农户家中,构建了区县—乡镇—村社—文化中心户四级文化阵地,有效拓展了服务范围,形成了农村半小时文化圈,为当地群众提供了方便快捷的文化服务。另外,湖南花垣、重庆石柱等县级的公共文化服务机构,如图书馆,就通过进单位、进社区、进超市的形式,在当地机关事业单位、居民社区、超市等地方设立书吧,让不同群体能够更为便捷地享受到公共文化服务,也显著提高了基层公共文化机构服务能力和公共文化资源利用效率。

二、服务集成供给

为了促使公民更便捷地享受多元化的公共文化服务,在基本公共文化服务供给侧,不少贫困地区不断强化改革,以"一盘棋"的理念将各类公共文化服务资源进行集中、整合,形成集成化的供给模式,让各类资源能够实现综合利用、共建共享,方便群众能够"一站式"满足多样化的文化需求。如湖南省花垣县图书馆的选址与公园相结合,将图书馆建在森林公园内,集成了多项公共文化服务功能,不仅能够营造良好的阅读环境,而且还可以使阅读与公园内的其他服务相互整合,让居民在散步、体育健身之余还可以满足读书的需求,方便群众在一个地方就能享受到多种形式和内容的公共文化服务,不仅实现了资源效益的最大化,还有助于提高公共文化服务的水平和效率,增强了人民群众对基本公共文化服务的获得感。

三、文化与产业结合

一些贫困地区在促进基本公共文化服务均等化的过程中,在推进公共文化事业建设之余,还另辟蹊径的将文化与产业进行有机结合,充分发挥文化产业的辐射功能,通过文化产业的大繁荣、大发展来带动文化事业的发展,带动基本公共文化服务均等化的实现。如宁夏海原县通过挖掘当地的非物质文化遗产,推动有市场前景的非物质文化遗产进景区、进企业,搭建非遗技艺展示和非遗产品展销平台,并通过采取"非遗+企业""基地+合作社"的形式,打造了"海原回绣""海原剪纸"等文化产业品牌,不仅带动了当地产业的发展,又促进了当地公共文化基础设施建设。湖南花垣县,境内拥有苗族等少数民族文化资源,该地区充分挖掘民族资源,开发了一系列独具地方特色的苗绣画、苗绣家具用品、苗绣装饰品及玩具,还举办苗族服饰展览、银饰展、刺绣展、苗族刺绣大赛等活动,成功地将文化资源优势转化为文化产业优势。产业的发展又具有"反哺"功能,能够促进公共文化事业的建设,实现了文化产业与文化事业的结合。

四、创新服务方式

提高贫困地区基本公共文化服务均等化水平,还可以通过服务方式的创新来缩小区域差距。一是可通过将固定服务转向流动服务,促进基本公共文化服务资源下沉。如重庆石柱县、黑龙江兰西县就充分利用流动文化大篷车、流动图书车、流动文化讲座等形式,深入基层,开展送演出、送培训、送讲座服务,让当地群众足不出户就能享受到"文化大餐"。黑龙江拜泉图书馆也转变了"坐馆"接待读者的形式,每年定期开展送图书、送信息、送科技下基层活动。并根据不同读者的阅读需求,定期为幼儿园、托老所、武警中队、中小学校等单位送去他们喜闻乐见的图书。二是利用信息技术,推动传统服务向数字化文化服务转变。信息技术的发展,为实现基本公共文化服务均等化带来了前所未有的机遇。不少贫困地区在基本公共文化服务体系的建设上,就通过与现代科技手段相结合,既满足了公民的多元化、个性化的文化需求偏好,又可以推动贫困地区基本公共文化服务的发展。如重庆市石柱县、黑龙江省兰西县图书馆就通过"互联网+文化"的形式,通过手机APP、微信公众号、微博等形式推送相关阅读服务,让群众可以方便地享受到多元化的文化顺利打通了公共文化服务"最后一千米"。

本章小结

本章基于框架—过程—成效—经验四个维度审视和分析贫困地区基本公共文化服务均等化政策。通过梳理基本公共文化服务均等化政策的演进,得出基本公共文化服务均等化政策的层级框架,包括国家层面,省级、自治区、直辖市层面和县级层面三个层级,并形成了以规划纲要为中心,完善基本公共文化服务体系、创新文化供给模式、加强基层文化队伍人才培训、推进文化扶贫、传统文化的传承与渗透和基本公共服务设施建设、文化科技创新、提高广大人民群众参与的主动性和积极性等多重政策并举的政策架构。同时,本章对贫困地区的基本公共文化服务均等化的发展过程进行梳理,明确其政策目标和政策内容。从整个政策线脉发展和具体政策内容来看,贫困地区基本公共文化服务均等化政策的发展成效具体包含基本文化公共服务能力显著提高、基本公共文化服务内容不断丰富、基本公共文化服务方式持续创新、文化扶贫功能逐渐显现四个方面。此外,通过整理政策和调研资料,总结了贫困地区基本公共文化服务均等化政策的经验,主要表现在服务重心下移、服务集成供给、文化与产业结合、创新服务方式四个方面。通过这些措施,贫困地区基本公共文化服务均等化工作取得了显著成效。

第五章

贫困地区基本公共文化服务均等化现状与评价

本章在第四章政策分析的基础上,进一步运用统计年鉴的数据以及在重庆、湖南、宁夏与黑龙江收集的问卷、访谈资料,全面系统地对贫困地区基本公共文化服务均等化进行分析与评价。

第一节　贫困地区基本公共文化服务概况

考察贫困地区基本公共文化服务的状况主要从机构数量、从业人员、经费收支三个维度来进行。

一、机构数量

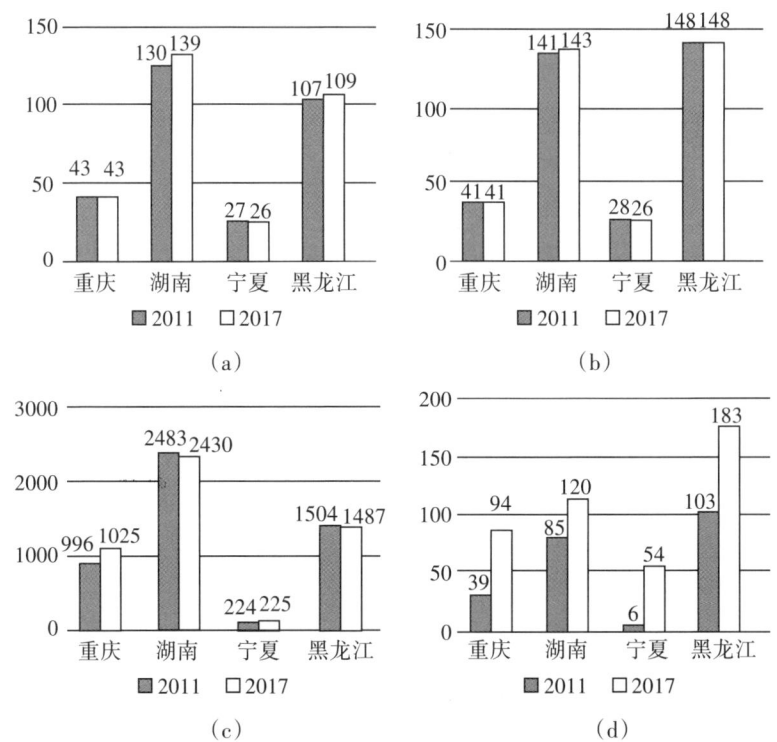

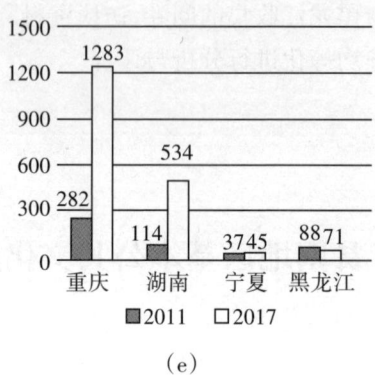

（e）

图5-1　2011年和2017年目标省份公共文化服务主要机构数量（单位：个）

数据来源：以上图表主要参照《中国文化文物统计年鉴（2018）》第26页整理而成。

图5-1分别展示了2011年与2017年重庆、湖南、宁夏和黑龙江四个省份基本公共文化服务主要机构的数量变化情况，a、b、c、d、e分别代表的是重庆、湖南、宁夏和黑龙江四个省份公共图书馆、文化馆、文化站、博物馆、艺术演团体的机构数量情况。

二、从业人员

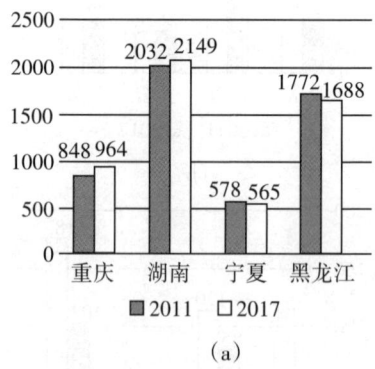

（a）

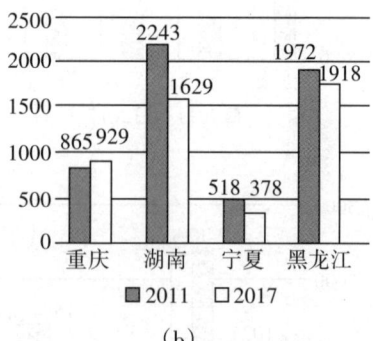

（b）

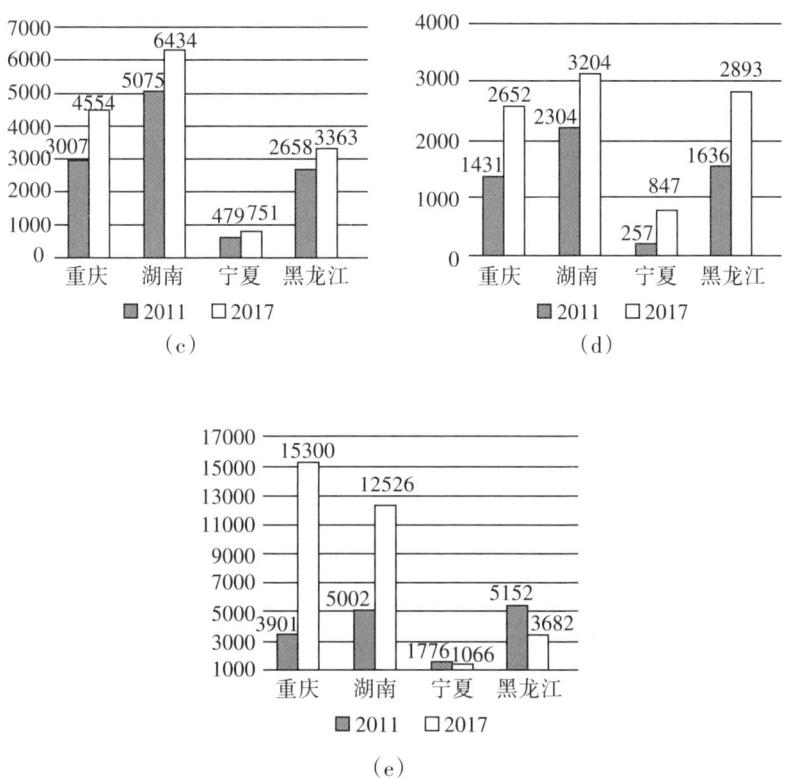

图5-2 2011年和2017年目标省份公共文化服务从业人员数量(单位:人)

数据来源:以上图表主要参照《中国文化文物统计年鉴(2018)》第27页整理而成。

图5-2中分别展示了2011年与2017年重庆、湖南、宁夏和黑龙江四个省份基本公共文化服务主要机构的从业人员数量变化情况,a、b、c、d、e分别代表的是重庆、湖南、宁夏和黑龙江四个省份公共图书馆、文化馆、文化站、博物馆、艺术表演团体的从业人员数量情况。

三、经费收支

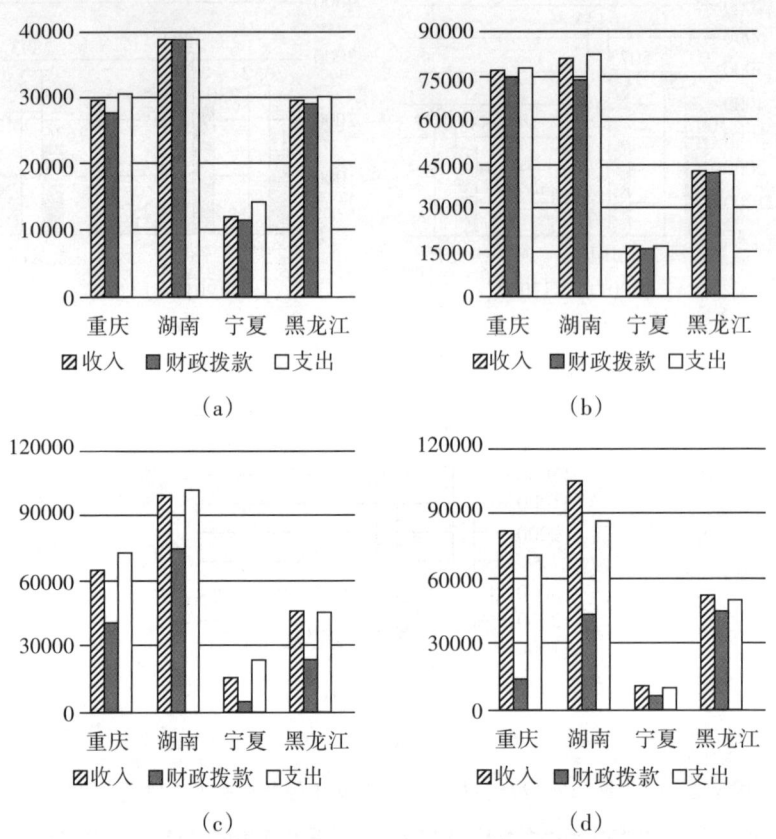

图5-3　2017年目标省份公共文化服务机构收支情况（单位：万元）

数据来源：以上图表主要参照《中国文化文物统计年鉴2018》第34-36页整理而成。

图5-3中分别展示了2017年重庆、湖南、宁夏和黑龙江四个省份基本公共文化服务主要机构的总收入、财政拨款和总支出变化情况，图5-3中a、b、c、d分别代表的是重庆、湖南、宁夏和黑龙江四个省份公共图书馆、文化馆（站）、博物馆、艺术表演团体的经费情况。

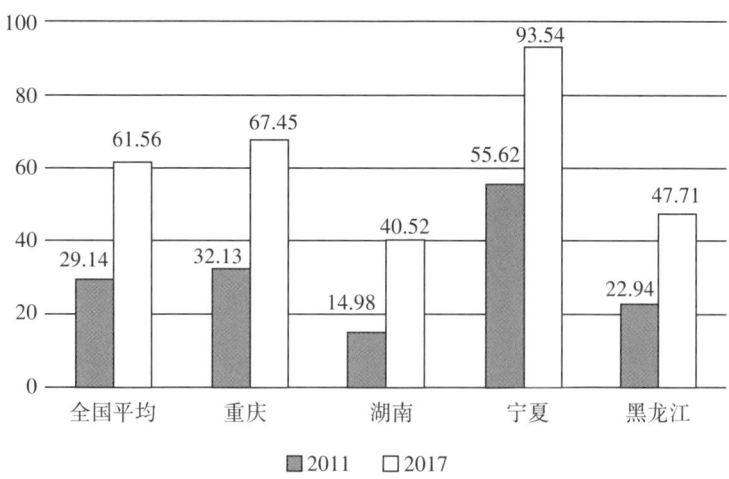

图 5-4　2011 年和 2017 年目标省份人均文化事业费变化情况（单位：元）

数据来源：以上图表主要参照《中国文化文物统计年鉴 2018》第 26、32 页整理而成。

图 5-4 展示了 2011 年和 2017 年重庆、湖南、宁夏和黑龙江四个省份人均文化事业费水平，纵向比较各省份人均文化事业费均有所增长，横向比较重庆和宁夏高出全国平均水平，黑龙江较全国平均水平略低，湖南则远低于全国平均水平。

第二节　贫困地区基本公共文化服务均等化评价方法

为了对贫困地区基本公共文化服务均等化状况进行全面客观的评价，本章节所采用的评价方法有层次分析法、Z-Score 技术和数据包络分析法。

一、层次分析法

层次分析法（The Analytic Hierarchy Process）简称 AHP，在 20 世纪 70 年代中期由美国运筹学家托马斯·塞蒂正式提出。它是一种定性和定量相结合的、系统化、层次化的分析方法。由于它在处理复杂的决策问题上的实用性和有效性，很快在世界范围得到重视。它的应用已遍及经济计划和管理、能源政策和分配、行为科学、军事指挥、运输、农业、教育、人才、医疗和环境等领域。

层次分析法的基本步骤如下：

第一步，建立层次结构模型。在深入分析实际问题的基础上，将有关的各个因素按照不同属性自上而下地分解成若干层次，同一层的诸因素，从属于上一层的因素，对上层因素有影响，同时又支配下一层的因素或受到下层因素的作用。

第二步，构造成对比较阵。从层次结构模型的第 2 层开始，对于从属于上一层每个因素的同一层诸因素，用成对比较法和 1—9 比较尺度构造成对比较阵，直到最下层。

第三步，计算权向量并做一致性检验。对于每一个成对比较阵计算最大特征根及对应特征向量，利用一致性指标、随机一致性指标和一致性比率做一致性检验。若检验通过，特征向量即为权向量；若不通过，需重新构造成对比较阵。

第四步，计算组合权向量并做组合一致性检验。计算最下层对目标的组合权向量，并根据公式做组合一致性检验，若检验通过，则可按照组合权向量表示的结果进行决策，否则需要重新考虑模型或重新构造一致性比率较大的成对比较阵。

二、Z-Score 技术

Z 分数（Z-Score），也叫标准分数（Standard Score），是一个数与平均数的差再除以标准差的过程。在统计学中，标准分数是一个观测或数据点的值高于被观测值或测量值的平均值的标准偏差的符号数。Z 分数能够真实地反映一个分数距离平均数的相对标准距离。如果我们把每一个分数都转换成 Z 分数,那么每一个 Z 分数会以标准差为单位表示一个具体分数到平均数的距离或离差。将成正态分布的数据中的原始分数转换为 Z 分数,我们就可以通过查阅 Z 分数在正态曲线下面积的表格来得知平均数与 Z 分数之间的面积,进而得知原始分数在数据集合中的百分等级。一个数列的各 Z 分数的平方和等于该数列数据的个数,并且 Z 分数的标准差和方差都为 1,平均数为 0。在数学统计中,任意变量 X 的标准化过程是减去它的期望值 $E(X)$ 并且除以它的标准差: $\sigma(X) = \sqrt{\mathrm{Var}(X)}$

即: $Z = \dfrac{X - E(X)}{\sigma(X)}$

若上述任意变量 X 是任意采样结果 $X_1, X_2, \cdots, X_n$ 的平均值 $\bar{X}$,即:

$$\bar{X} = \frac{1}{n}\sum_{i=1}^{n} X_i$$

那么,标准化格式变为 $Z = \dfrac{\bar{X} - E(X)}{\sigma(X)/\sqrt{n}}$,即为 Z 分数。

三、数据包络分析法

数据包络分析(Data Envelopment Analysis,缩写为 DEA)是一个对多投入/多产出的多个决策单元的效率评价方法,于 1978 年由 A.Charnes 和 W.W.Coopet 所创建,可广泛使用于业绩评价。在国外,DEA 方法已经成功地应用于银行、城市、医院、学校及军事等方面效率的评价,在对相互之间存在激烈竞争的私营企业和公司的效率评价中,也显示出巨大的优越性。例如,用 DEA 方法对美国大银行效率评价的研究,取得了极大的成功。DEA 方法评价部门的相对有效性的优势地位,是其他方法所不能取代的。

对相同类型的部门、企业或者同一组织的不同时期的相对效率进行评价,这些部门组织或时期被称为决策单元。评价的依据是决策单元的一组投入指标数据和一组产出指标数据。投入指标是指决策单元在经济管理活动中需要消耗的要素数量;产出指标是指决策单元在某种投入要素组合下,通过特定的规则或方式将要素转化成商品或服务的数量。

DEA有效是指相对于其他决策单元,该决策单元在投入和产出指标数据上做到了最优利用,即用最小的投入量获得了最大的产出量。

第三节　贫困地区基本公共文化服务均等化评价

一、县级图书馆

截至2017年,我国县级图书馆共2753个[①]。其中,重庆市县级行政区划38个,县级图书馆41个;湖南省县级行政区划122个,县级图书馆120个;宁夏回族自治区县级行政区划22个,县级图书馆20个;黑龙江省县级行政区划128个,县级图书馆96个(如表5-1所示)。

表5-1　2017年各省份县级图书馆数量

省份	机构数/个	省份	机构数/个
河北	160	湖南	120
山西	118	广东	115
内蒙古	104	广西	97
辽宁	106	海南	18
吉林	55	重庆	41
黑龙江	96	四川	181
江苏	98	贵州	87
浙江	86	云南	132

---

① 由于行政区划调整的原因,北京、上海、天津已经不存在县一级行政区,因此本文未将这三个直辖市纳入观察样本,下同。

续表

省份	机构数/个	省份	机构数/个
安徽	102	西藏	74
福建	75	陕西	102
江西	101	甘肃	85
山东	136	青海	41
河南	138	宁夏	20
湖北	99	新疆	92

数据来源：中华人民共和国文化和旅游部.中国文化文物统计年鉴2018[M].北京：国家图书馆出版社,2018:106.

将各省份县级图书馆的要素投入评价首先需要建立评价指标体系并确定各指标权重。本研究从县级公共图书馆的人、财、物投入和效能产出视角出发，以国家质量监督检验检疫总局发布的《公共图书馆服务规范》（GB/T 28220—2011）和第六次全国县级以上公共图书馆评估标准等政策文件中关于县级公共图书馆建设、管理和运行的相关要求为依据设计要素投入和服务效能指标体系，并利用AHP方法确定各指标权重。

（一）要素投入评价

表5-2为县级图书馆要素投入指标体系。

表5-2　县级图书馆要素投入指标体系

一级指标	一级权重	二级指标	二级权重
文化资源	W_1=0.42（λ=8.049 CI=0.075 CR=0.022）	馆均图书藏量/万册	0.2617
		馆均报刊藏量/万册	0.1545
		馆均视听文献藏量/万册	0.1545
		馆均电子图书藏量/万册	0.1545
		馆均本年新购藏量/万册	0.0866
		馆均本年新增电子书藏量/万册	0.0866
		馆均当年购买报刊/种	0.0508
		馆均盲文书藏量/万册	0.0508

续表

一级指标	一级权重	二级指标	二级权重
人才队伍	$W_2=0.25$ （$\lambda=4.055$ CI=0.018 CR=0.020）	馆均从业人员数/人	0.5000
		馆均专业技术人才/人	0.2500
		馆均中级以上职称/人	0.2500
资金水平	$W_3=0.22$ （$\lambda=5.255$ CI=0.064 CR=0.057）	馆均本年收入/千元	0.3747
		馆均财政拨款/千元	0.1742
		馆均本年支出/千元	0.2175
		馆均购书专项经费/千元	0.1354
		馆均资产总计/千元	0.0982
设施保障	$W_4=0.11$ （$\lambda=6.053$ CI=0.011 CR=0.008）	馆均公用房屋建筑面积/万平方米	0.2617
		馆均书库面积/万平方米	0.1544
		馆均阅览室面积/万平方米	0.1544
		馆均电子阅览室面积/万平方米	0.1544
		馆均计算机/台	0.1019
		馆均阅览室座席数/个	0.0866
		馆均电子阅览室终端数/台	0.0866

注：权重计算使用 AHP 方法，λ 为最大特征根值，CR 均小于 0.1 表明权重评价一致性好。

表5-3 为 2017 年重庆、湖南、宁夏、黑龙江四个省份县级图书馆文化资源、人才队伍、资金水平和设施保障四个项目各个指标的实际投入水平。

表5-3　2017年目标省份县级图书馆要素投入水平

项目	指标	重庆		湖南		宁夏		黑龙江	
		总量	馆均	总量	馆均	总量	馆均	总量	馆均
文化资源	图书藏量/万册	1036.47	25.28	1343.88	11.20	248.39	12.42	790.62	8.24
	报刊藏量/万册	75.58	1.84	190.03	1.58	30.49	1.52	72.36	0.75

续表

项目	指标	重庆		湖南		宁夏		黑龙江	
		总量	馆均	总量	馆均	总量	馆均	总量	馆均
文化资源	视听文献藏量/万册	19.06	0.46	12.84	0.11	4.95	0.25	6.00	0.06
	电子图书藏量/万册	1062.11	25.91	767.56	6.40	64.06	3.20	495.75	5.16
	本年新购藏量/万册	183.21	4.47	97.43	0.81	41.49	2.07	125.95	1.31
	本年新增电子书藏量/万册	251.48	6.13	187.57	1.56	24.70	1.24	164.56	1.71
	当年购买报刊/种	23401.0	570.76	26310.00	219.25	6699.00	334.95	12696.00	132.25
	盲文书藏量/万册	2.63	0.06	2.98	0.02	0.65	0.03	0.72	0.01
人才队伍	从业人员数/人	654.00	15.95	1242.0	10.35	292.00	14.60	934.00	9.73
	专业技术人才/人	368.00	8.98	787.00	6.56	181.0	9.05	783.00	8.16
	中级以上职称/人	56.00	1.37	37.00	0.31	10.00	0.50	228.0	2.38

续表

项目	指标	重庆		湖南		宁夏		黑龙江	
		总量	馆均	总量	馆均	总量	馆均	总量	馆均
资金水平	本年收入/千元	207107.00	5051.39	202977.00	1691.48	60733.00	3036.6	130568.00	1360.08
	财政拨款/千元	202151.00	4930.51	193514.00	1612.62	55910.00	2795.50	129060.00	1344.38
	本年支出/千元	202622.00	4942.00	203744.00	1697.87	70242.00	3512.10	127149.00	1324.47
	购书专项经费/千元	22088.00	538.73	17158.00	142.98	4954.00	247.70	9947.00	103.61
	资产总计/千元	3972366.00	96886.98	1293740.00	10781.17	153057.00	7652.8	247050.00	2573.44
设施保障	公用房屋建筑面积/万平方米	28.39	0.69	29.36	0.24	5.78	0.29	16.45	0.17
	书库面积/万平方米	5.45	0.13	7.32	0.06	1.24	0.06	2.98	0.03
	阅览室面积/万平方米	8.58	0.21	7.11	0.06	2.19	0.11	5.01	0.05
	电子阅览室面积/万平方米	1.14	0.03	1.74	0.01	0.54	0.03	1.18	0.01

续表

项目	指标	重庆		湖南		宁夏		黑龙江	
		总量	馆均	总量	馆均	总量	馆均	总量	馆均
设施保障	计算机/台	3933.00	95.93	5119.00	42.66	1441.00	72.05	3860.00	40.21
	阅览室座席数/个	25243.00	615.68	26077.00	217.31	6877.00	343.85	16874.00	175.77
	电子阅览室终端数/台	2961.00	72.22	3752.00	31.27	1180.00	59.00	2711.00	28.24

数据来源:中华人民共和国文化和旅游部.中国文化文物统计年鉴2018[M].北京:国家图书馆出版社,2018:106-115。其中各省市馆均值为各指标总量除以县级图书馆总量得出。

利用表5-3实际数据和表5-2各指标权重,可以计算出2017年各省份、目标省份县级图书馆各分项要素投入得分和排名,结果如表5-4、5-5所示。

表5-4　2017年各省份县级图书馆要素投入分项得分评价结果

分项排名	文化资源		人才队伍		资金水平		设施保障	
1	浙江	3.265	浙江	2.238	浙江	2.488	浙江	2.869
2	江苏	1.832	吉林	1.179	广东	1.758	广东	1.885
3	广东	1.027	江苏	1.015	重庆	1.326	重庆	1.855
4	重庆	0.978	广东	1.005	江苏	1.24	江苏	1.296
5	福建	0.648	山东	0.568	福建	0.225	山东	0.459
6	山东	0.208	辽宁	0.553	山东	-0.065	福建	0.264
7	安徽	0.058	湖北	0.481	海南	-0.103	宁夏	0.088
8	海南	-0.04	宁夏	0.452	宁夏	-0.131	湖北	-0.002
9	宁夏	-0.078	重庆	0.384	吉林	-0.148	江西	-0.056
10	湖南	-0.078	陕西	0.334	湖北	-0.168	海南	-0.205

续表

分项排名	文化资源		人才队伍		资金水平		设施保障	
11	湖北	−0.092	内蒙古	0.253	辽宁	−0.205	四川	−0.215
12	江西	−0.11	黑龙江	0.131	四川	−0.273	山西	−0.224
13	广西	−0.115	河南	0.049	新疆	−0.313	河南	−0.308
14	陕西	−0.303	云南	−0.169	陕西	−0.326	湖南	−0.316
15	四川	−0.327	湖南	−0.191	内蒙古	−0.351	安徽	−0.316
16	云南	−0.357	甘肃	−0.421	湖南	−0.355	新疆	−0.367
17	吉林	−0.362	福建	−0.514	安徽	−0.498	广西	−0.389
18	辽宁	−0.383	山西	−0.565	云南	−0.503	吉林	−0.406
19	河南	−0.406	海南	−0.657	黑龙江	−0.512	贵州	−0.413
20	贵州	−0.408	新疆	−0.663	江西	−0.513	云南	−0.472
21	新疆	−0.43	安徽	−0.708	甘肃	−0.539	辽宁	−0.52
22	甘肃	−0.564	江西	−0.709	山西	−0.553	陕西	−0.576
23	河北	−0.591	广西	−0.724	河南	−0.554	黑龙江	−0.607
24	山西	−0.615	河北	−0.793	广西	−0.597	内蒙古	−0.617
25	内蒙古	−0.632	贵州	−0.901	贵州	−0.707	河北	−0.644
26	黑龙江	−0.656	四川	−0.931	河北	−0.762	甘肃	−0.697
27	青海	−0.931	青海	−1.163	青海	−0.794	青海	−1.174
28	西藏	−1.151	西藏	−1.949	西藏	−1.034	西藏	−1.548

注:得分计算首先利用 Z-Score 技术对各指标数据进行去量纲处理,然后根据二级权重加权汇总。

表5-5 2017年目标省份分项要素投入得分及排名

省份	文化资源	人才队伍	资金水平	设施保障
重庆	0.977(4)	0.383(9)	1.325(3)	1.855(3)
湖南	−0.079(10)	−0.192(15)	−0.356(16)	−0.316(14)
宁夏	−0.079(9)	0.451(8)	−0.132(8)	0.088(7)
黑龙江	−0.657(26)	0.130(12)	−0.513(19)	−0.607(23)

注:( )内为全国排名

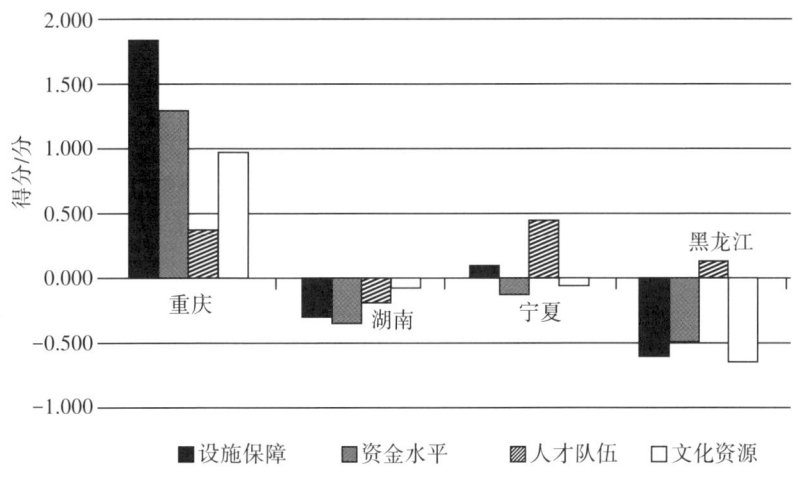

图5-5 2017年目标省份要素投入情况

图5-5显示了重庆、湖南、宁夏和黑龙江四个省份县级图书馆各类要素投入的标准化得分值,得分小于0表示处于平均水平以下。可以发现重庆各项得分均高于平均值;宁夏在设施保障和人才队伍上高于平均值,资金水平和文化资源均低于平均值;黑龙江仅人才队伍高于平均值,其余均低于平均值;湖南四项得分均低于平均值。

最后,利用表5-4计算得出的各省份各项内容标准化得分和一级指标权重值,可以计算得出各省份县级图书馆要素投入综合得分及排名情况,综合得分大于0表明高于平均水平,小于0表明低于平均水平。结果如表5-6所示。可以发现,重庆综合得分为1.00分,排在全国第四位;宁夏综合得分为0.06,排位第八;湖南综合得分-0.19,排位第十二;黑龙江综合得分-0.42,排位第二十。

表5-6 2017年各省份县级图书馆要素投入综合得分评价结果

总排名	1	2	3	4	5	6	7
省份	浙江	江苏	广东	重庆	山东	福建	吉林
综合得分	2.79	1.44	1.28	1.00	0.26	0.22	0.06
总排名	8	9	10	11	12	13	14
省份	宁夏	湖北	辽宁	陕西	湖南	海南	安徽
综合得分	0.06	0.04	−0.13	−0.18	−0.19	−0.23	−0.3

续表

总排名	15	16	17	18	19	20	21
省份	河南	江西	内蒙古	云南	广西	黑龙江	四川
综合得分	-0.32	-0.34	-0.35	-0.36	-0.4	-0.42	-0.45
总排名	22	23	24	25	26	27	28
省份	新疆	甘肃	山西	贵州	河北	青海	西藏
综合得分	-0.46	-0.54	-0.55	-0.6	-0.69	-0.99	-1.37

（二）服务效能评价

为了对县级图书馆服务效能进行评价，本研究构建了相应的评价指标体系，详见表5-7。

表5-7　县级图书馆服务效能评价指标体系

一级指标	一级权重	二级指标	二级权重
基础服务	W_1=0.42（λ=3.209 CI=0.015 CR=0.025）	有效借阅证（个/万人）	0.3333
		总流通人次	0.3333
		书刊文献外借人次	0.1667
		书刊文献外借册次（册/人）	0.1667
远程服务	W_2=0.30（λ=5.106 CI=0.012 CR=0.022）	流动服务书刊借阅次数（次/人）	0.3790
		流动服务书刊借阅册数（册/人）	0.3313
		图书馆网站访问量（次/万人）	0.2897
拓展服务	W_3=0.28（λ=2.209 CI=0.023 CR=0.041）	组织各类讲座次数（次）	0.2255
		参加讲座人数（万人）	0.1745
		举办各类展览次数（次）	0.1155
		参加展览人数（万人）	0.0845
		举办各类培训班次数（次）	0.2255
		参加培训人数（万人）	0.1745

注：权重计算使用AHP方法，λ为最大特征根值，CR均小于0.1表明权重评价一致性好。

表5-8为2017年重庆、湖南、宁夏、黑龙江四个省份县级图书馆基础服务、远程服务、拓展服务三类项目各个指标的实际产出水平。

表5-8　2017年目标省份县级图书馆服务效能水平

项目	指标	重庆	湖南	宁夏	黑龙江
基础服务	有效借阅证/千个	1214	649	73	245
	总流通人次/万人次	1205.3	1166.65	179.75	443
	书刊文献外借人次/次	481.06	671.18	68.56	172.66
	书刊文献外借册次/万册次	1077.24	1115.88	124.49	406.02
远程服务	流动服务书刊借阅次数/万人次	80.21	44.89	15.58	47.88
	流动服务书刊借阅册数/万册次	145.2	68.81	24.1	96.57
	图书馆网站访问量/千页次	18468	10669	246	1293
拓展服务	组织各类讲座次数/次	1473	2024	148	796
	参加讲座人次/万人次	24.59	34.7	1.27	13.76
	举办各类展览次数/次	932	595	113	456
	参加展览人次/万人次	136.38	80.26	10.39	40.9
	举办各类培训班次数/次	1793	1261	148	555
	参加培训人次/万人次	9.81	9.21	0.73	2.65

数据来源：中华人民共和国文化和旅游部.中国文化文物统计年鉴2018[M].北京：国家图书馆出版社,2018:106~115.

利用表5-8实际数据和表5-7各指标权重,可以计算出2017年各省份、目标省份县级图书馆各分项服务效能得分和排名,结果如表5-9、5-10所示。

表5-9　2017年各省份县级图书馆服务效能分项得分评价结果

分项排名	基础服务		远程服务		拓展服务	
1	浙江	4.272	浙江	3.733	浙江	2.722
2	江苏	1.999	广东	1.278	广东	1.925
3	广东	1.083	江苏	0.980	山东	1.022
4	辽宁	0.265	重庆	0.751	四川	1.017
5	重庆	0.253	福建	0.630	江苏	0.905

续表

分项排名	基础服务		远程服务		拓展服务	
6	福建	0.244	贵州	0.519	重庆	0.807
7	吉林	−0.029	吉林	0.265	云南	0.410
8	湖北	−0.076	辽宁	0.164	河南	0.377
9	山东	−0.092	湖北	0.035	湖南	0.260
10	宁夏	−0.216	宁夏	−0.077	广西	0.212
11	江西	−0.327	新疆	−0.138	陕西	0.052
12	广西	−0.363	云南	−0.156	江西	−0.006
13	黑龙江	−0.366	海南	−0.185	安徽	−0.016
14	四川	−0.368	内蒙古	−0.276	湖北	−0.057
15	安徽	−0.369	山西	−0.325	福建	−0.135
16	内蒙古	−0.382	四川	−0.353	山西	−0.184
17	湖南	−0.387	黑龙江	−0.416	辽宁	−0.211
18	新疆	−0.396	山东	−0.425	河北	−0.215
19	云南	−0.397	青海	−0.451	贵州	−0.301
20	山西	−0.427	安徽	−0.490	新疆	−0.520
21	甘肃	−0.429	江西	−0.511	甘肃	−0.666
22	陕西	−0.44	湖南	−0.527	内蒙古	−0.735
23	海南	−0.449	甘肃	−0.575	黑龙江	−0.808
24	河南	−0.453	陕西	−0.590	吉林	−0.914
25	贵州	−0.502	河北	−0.609	宁夏	−1.175
26	河北	−0.502	广西	−0.663	青海	−1.228
27	青海	−0.504	河南	−0.773	海南	−1.246
28	西藏	−0.613	西藏	−0.813	西藏	−1.291

注:得分计算首先利用 Z-Score 技术对各指标数据进行去量纲处理,然后根据二级权重加权汇总。

表5-10　2017年目标省份分项服务效能得分及排名

省份	基础服务	远程服务	拓展服务
重庆	0.253（5）	0.751（4）	0.807（6）
湖南	−0.387（17）	−0.527（22）	0.260（9）
宁夏	−0.216（10）	−0.077（10）	−1.175（25）
黑龙江	−0.366（13）	−0.416（17）	−0.808（23）

注：（）内为全国排名

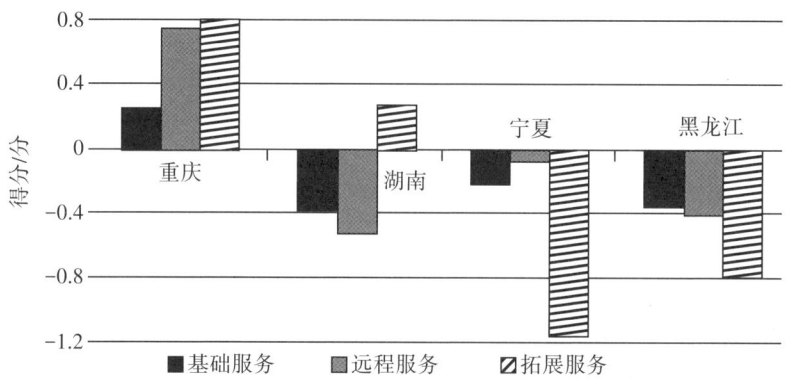

图5-6　2017年目标省份服务效能情况

　　图5-6显示了重庆、湖南、宁夏和黑龙江四个省份县级图书馆各类服务的标准化得分值，得分小于0表示处于平均水平以下。可以发现重庆各项得分均高于平均值；湖南在拓展服务上高于平均值，其余低于平均值；宁夏和黑龙江各项得分均低于平均值。

　　最后，利用表5-9计算得出的各省份各项内容标准化得分和一级指标权重值，可以计算得出各省份县级图书馆服务效能综合得分及排名情况，综合得分大于0表明高于平均水平，小于0表明低于平均水平。结果如表5-11所示。可以发现，重庆综合得分为0.56分，排在全国第四位；湖南综合得分−0.25，排位第十三；宁夏综合得分为−0.44，排位第二十一；黑龙江综合得分−0.51，排位第二十四。

表5-11　2017年各省份县级图书馆服务效能综合得分评价结果

总排名	1	2	3	4	5	6	7
省份	浙江	江苏	广东	重庆	福建	山东	辽宁
综合得分	3.68	1.39	1.38	0.56	0.25	0.12	0.10
总排名	8	9	10	11	12	13	14
省份	四川	湖北	云南	贵州	吉林	湖南	广西
综合得分	0.02	-0.04	-0.10	-0.14	-0.19	-0.25	-0.29
总排名	15	16	17	18	19	20	21
省份	江西	安徽	河南	山西	陕西	新疆	宁夏
综合得分	-0.29	-0.31	-0.32	-0.33	-0.35	-0.35	-0.44
总排名	22	23	24	25	26	27	28
省份	内蒙古	河北	黑龙江	甘肃	海南	青海	西藏
综合得分	-0.45	-0.45	-0.51	-0.54	-0.59	-0.69	-0.86

(三)服务效率评价

公共文化服务效率本质上是公共文化资源的投入产出比,它反映公共文化服务效果与其消耗资源之间的对比关系,强调效率能够客观评价公共文化服务成效,最大限度地利用好有限的公共服务资源。注意到部分目标省份县级图书馆在要素投入和服务效能方面的综合排名有较大变化,本研究考虑使用效率评价理论和方法对各省份县级图书馆投入—产出的比例关系进行系统分析,并对DEA效率计算结果进行分解,以获得对各省份尤其是目标省份县级图书馆服务效率的科学评价和深刻认识。与排名变化情况比较吻合,重庆处于DEA有效状态,湖南、宁夏和黑龙江三个省份的县级图书馆服务均处于无效状态(如表5-12所示)。

表5-12　2017年各省份县级图书馆服务效率评价结果

排名	1	1	1	1	1	1	1
省份	江苏	浙江	安徽	福建	湖北	广东	广西
2017年	1.000	1.000	1.000	1.000	1.000	1.000	1.000

续表

排名	1	1	1	1	12	13	14
省份	重庆	贵州	云南	陕西	吉林	四川	青海
2017年	1.000	1.000	1.000	1.000	0.963	0.908	0.866
排名	15	16	17	18	19	20	21
省份	江西	河南	湖南	新疆	宁夏	辽宁	山东
2017年	0.838	0.784	0.77	0.732	0.71	0.702	0.694
排名	22	23	24	25	26	27	28
省份	甘肃	山西	内蒙古	黑龙江	海南	河北	西藏
2017年	0.671	0.647	0.619	0.562	0.553	0.516	0.502

二、县级文化馆

截至2017年,我国县级文化馆共2938个。[1]其中,重庆县级行政区划38个,县级文化馆40个;湖南县级行政区划122个,县级文化馆127个;宁夏县级行政区划22个,县级文化馆20个;黑龙江县级行政区划128个,县级文化馆131个(如表5-13所示)。

表5-13　2017年各省份县级文化馆数量

省份	机构数/个	省份	机构数/个
河北	167	湖南	127
山西	119	广东	122
内蒙古	107	广西	109
辽宁	102	海南	19
吉林	65	重庆	40
黑龙江	131	四川	185
江苏	101	贵州	89
浙江	89	云南	132
安徽	106	西藏	74

---

[1]由于行政区划调整的原因,北京、上海、天津已经不存在县一级行政区,因此本文未将这三个直辖市纳入观察样本,下同。

续表

省份	机构数/个	省份	机构数/个
福建	87	陕西	111
江西	104	甘肃	86
山东	139	青海	46
河南	186	宁夏	20
湖北	112	新疆	102

数据来源:中华人民共和国文化和旅游部.中国文化文物统计年鉴2018[M].北京:国家图书馆出版社,2018:26.

对各省份县级文化馆的要素投入评价首先需要建立评价指标体系并确定各指标权重。本研究从县级文化馆的人、财、物投入和效能产出视角出发,以国家质量监督检验总局和国家标准化管理委员会2016年发布的《文化馆服务标准》(GB/T 32939-2016)的相关要求为依据设计要素投入和服务效能指标体系,并利用AHP方法确定各指标权重。

(一)要素投入评价

表5-14是县级文化馆要素投入指标体系。

表5-14　县级文化馆要素投入指标体系

一级指标	一级权重	二级指标	二级权重
人才队伍	$W_1=0.35$ ($\lambda=4.209$ CI=0.016 CR=0.028)	馆均从业人员/人	0.4122
		馆均专业技术人才/人	0.4122
		馆均志愿者人数/人	0.1756
资金水平	$W_2=0.35$ ($\lambda=4.221$ CI=0.013 CR=0.015)	馆均收入/千元	0.5000
		馆均支出/千元	0.5000
设施保障	$W_3=0.30$ ($\lambda=5.102$ CI=0.012 CR=0.017)	馆均实际使用房屋面积/万平方米	0.2500
		馆均流动舞台车数量/辆	0.3333
		馆均计算机/台	0.3333

注·权重计算使用AHP方法,λ为最大特征根值,CR均小于0.1表明权重评价一致性好。

表5-15为2017年重庆、湖南、宁夏、黑龙江四个省份县级文化馆人才队伍、资金水平和设施保障三个项目各个指标的实际投入水平。

表5-15 2017年目标省份县级文化馆要素投入水平

项目	指标	重庆		湖南		宁夏		黑龙江	
		总量	馆均	总量	馆均	总量	馆均	总量	馆均
人才队伍	馆均从业人员/人	929	23.23	1629	12.83	378	18.90	1918	14.64
	馆均专业技术人才/人	635	15.88	1142	8.99	333	16.65	1505	11.49
	馆均志愿者人数/人	11375	284.38	22194	174.76	3025	151.25	47656	363.79
资金水平	馆均收入/千元	271422	6785.55	244203	1922.86	77484	3874.20	233791	1784.66
	馆均支出/千元	272680	6817.00	242180	1906.93	74559	3727.95	229904	1754.99
设施保障	馆均实际使用房屋面积/万平方米	24.64	0.62	28.84	0.23	6.7	0.34	21.6	0.16
	馆均流动舞台车数量/辆	30	0.75	59	0.46	10	0.50	49	0.37
	馆均藏书/万册	—	—	—	—	—	—	—	—
	馆均计算机/台	1307	32.68	1797	14.15	460	23.00	1195	9.12

数据来源:中华人民共和国文化和旅游部.中国文化文物统计年鉴2018[M].北京:国家图书馆出版社,2018:160-167。其中各省市馆均值为各指标总量除以县级文化馆总量得出。

利用表5-15实际数据和表5-14各指标权重,可以计算出2017年各省份、目标省份县级文化馆要素投入得分和排名,结果如表5-16、5-17所示。

表5-16 2017年各省份县级文化馆要素投入分项得分评价结果

分项排名	人才队伍		资金水平		设施保障	
1	吉林	2.676	浙江	2.862	重庆	2.016
2	浙江	1.657	重庆	2.851	宁夏	1.691
3	重庆	1.067	江苏	1.402	江苏	1.310
4	宁夏	0.997	广东	1.036	浙江	0.739
5	山东	0.75	宁夏	1.005	西藏	0.595
6	江苏	0.577	吉林	0.750	广西	0.594
7	陕西	0.487	四川	0.256	四川	0.287
8	辽宁	0.427	山东	−0.029	山东	0.129
9	湖北	0.275	海南	−0.059	广东	0.060
10	黑龙江	0.261	辽宁	−0.122	安徽	0.010
11	云南	0.216	湖北	−0.164	湖南	−0.187
12	广西	0.161	云南	−0.190	陕西	−0.200
13	广东	−0.064	陕西	−0.210	吉林	−0.205
14	内蒙古	−0.116	内蒙古	−0.284	青海	−0.219
15	江西	−0.259	广西	−0.397	湖北	−0.272
16	贵州	−0.289	贵州	−0.418	海南	−0.316
17	湖南	−0.311	黑龙江	−0.467	河北	−0.330
18	河南	−0.325	安徽	−0.503	新疆	−0.355
19	甘肃	−0.36	福建	−0.523	江西	−0.393
20	四川	−0.384	新疆	−0.532	黑龙江	−0.412
21	山西	−0.564	甘肃	−0.553	山西	−0.438
22	安徽	−0.573	江西	−0.625	甘肃	−0.444
23	河北	−0.589	湖南	−0.654	云南	−0.452
24	新疆	−0.75	青海	−0.680	福建	−0.476
25	青海	−0.774	山西	−0.721	贵州	−0.513

续表

分项排名	人才队伍		资金水平		设施保障	
26	福建	−0.998	河北	−0.779	河南	−0.539
27	海南	−1.064	河南	−0.836	内蒙古	−0.776
28	西藏	−2.104	西藏	−1.415	辽宁	−0.903

注:得分计算首先利用Z-Score技术对各指标数据进行去量刚处理,然后根据二级权重加权汇总。

表5-17 2017年目标省份分项要素投入得分及排名

省份	人才队伍	资金水平	设施保障
重庆	1.067	2.851(2)	2.016(1)
湖南	−0.311	−0.654(23)	−0.187(11)
宁夏	0.997	1.005(5)	1.691(2)
黑龙江	0.261	−0.467(17)	−0.412(20)

注:( )内为全国排名

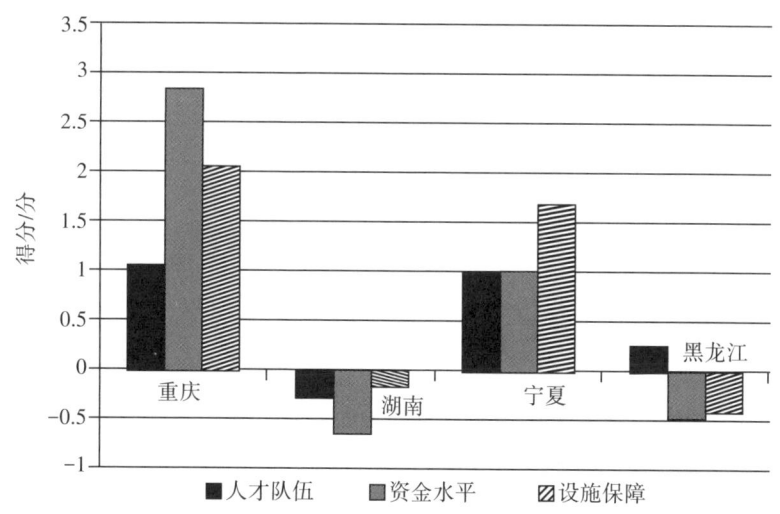

图5-7 2017年目标省份要素投入情况

图5-7显示了重庆、湖南、宁夏和黑龙江四个省份县级文化馆各类要素投入的标准化得分值,得分小于0表示处于平均水平以下。可以发现重庆和宁夏各项得分均高于平均值;黑龙江在人才队伍得分方面高于平均

值,资金水平和设施保障得分低于平均值;湖南三项得分均低于平均值。

最后,利用表5-16计算得出的各省份各项内容标准化得分和一级指标权重值,可以计算得出各省份县级文化馆要素投入综合得分及排名情况,综合得分大于0表明高于平均水平,小于0表明低于平均水平。结果如表5-18所示。可以发现,重庆综合得分为1.98分,排在全国第一位;宁夏综合得分为1.21,排位第三;黑龙江综合得分-0.20,排位第十四;湖南综合得分-0.39,排位第十七。

表5-18 2017年各省份县级文化馆要素投入综合得分评价结果

总排名	1	2	3	4	5	6	7
省份	重庆	浙江	宁夏	吉林	江苏	广东	山东
综合得分	1.98	1.80	1.21	1.14	1.09	0.36	0.29
总排名	8	9	10	11	12	13	14
省份	广西	四川	陕西	湖北	云南	辽宁	黑龙江
综合得分	0.09	0.04	0.04	-0.04	-0.13	-0.16	-0.20
总排名	15	16	17	18	19	20	21
省份	内蒙古	安徽	湖南	贵州	江西	甘肃	海南
综合得分	-0.37	-0.37	-0.39	-0.40	-0.43	-0.45	-0.49
总排名	22	23	24	25	26	27	28
省份	新疆	河南	青海	河北	山西	福建	西藏
综合得分	-0.56	-0.57	-0.57	-0.58	-0.58	-0.68	-1.05

(二)服务效能评价

为了对县级图书馆服务效能进行评价,本研究构建了相应的评价指标体系,5-19是县级文化馆服务效能评价指标体系。

表5-19 县级文化馆服务效能评价指标体系

一级指标	一级权重	二级指标	二级权重
文艺演出	W_1=0.22 （λ=5.574 CI=0.025 CR=0.038）	文艺演出次数/次	0.475
		服务人次/万人次	0.525

续表

一级指标	一级权重	二级指标	二级权重
培训服务	W_2=0.21 （λ=4.982 CI=0.019 CR=0.022）	培训班次数/次	0.475
		服务人次/万人次	0.525
展览服务	W_3=0.18 （λ=4.209 CI=0.016 CR=0.028）	举办展览次数/次	0.475
		服务人次/万人次	0.525
讲座服务	W_4=0.21 （λ=3.209 CI=0.049 CR=0.068）	举办讲座次数/次	0.475
		服务人次/万人次	0.525
流动服务	W_5=0.18 （λ=5.254 CI=0.039 CR=0.042）	流动演出场次/次	0.475
		服务人次/万人次	0.525

注：权重计算使用 AHP 方法，λ 为最大特征根值，CR 均小于 0.1 表明权重评价一致性好。

表 5-20 为 2017 年重庆、湖南、宁夏、黑龙江四个省份县级文化馆文艺演出、培训服务、展览服务、讲座服务和流动服务各个指标实际产出水平。

表5-20　2017年目标省份县级文化馆服务效能水平

项目	指标	重庆	湖南	宁夏	黑龙江
文艺演出	文艺演出次数/次	4516	7270	3803	7329
	服务人次/万人次	760.48	704.52	479.86	458.76
培训服务	培训班次数/次	5066	4067	1833	2987
	服务人次/万人次	38.71	35.61	11.38	22.3
展览服务	举办展览次数/次	620	773	133	629
	服务人次/万人次	113.14	127.71	64.35	79.25
讲座服务	举办讲座次数/次	749	639	338	793
	服务人次/万人次	22.6	12.95	7.32	10.82

续表

项目	指标	重庆	湖南	宁夏	黑龙江
流动服务	流动演出场次/次	878	2161	306	1274
	服务人次/万人次	66.31	109.08	13.25	72.16

数据来源:中华人民共和国文化和旅游部.中国文化文物统计年鉴2018[M].北京:国家图书馆出版社,2018:160—167.

利用表5-20实际数据和表5-19各指标权重,可以计算出2017年各省份、目标省份县级文化馆各分项服务效能得分和排名,结果如表5-21、5-22所示。

表5-21 2017年各省份县级文化馆服务效能分项得分评价结果

分项排名	文艺演出		培训服务		展览服务		讲座服务		流动服务	
1	新疆	3.04	广西	2.63	广西	2.57	河南	3.16	浙江	2.29
2	山东	1.31	广东	1.30	浙江	1.00	山东	1.08	四川	2.21
3	四川	0.64	浙江	1.07	山东	0.78	浙江	0.95	安徽	1.56
4	河北	0.62	山东	0.62	河南	0.68	江苏	0.86	湖南	1.52
5	浙江	0.61	四川	0.32	四川	0.66	四川	0.38	江苏	1.25
6	江苏	0.43	辽宁	0.30	广东	0.55	辽宁	0.37	山东	0.85
7	河南	0.41	河南	0.29	江苏	0.43	广东	0.25	河北	0.67
8	广东	0.11	江苏	0.15	河北	0.05	河北	0.15	黑龙江	0.49
9	湖南	0.03	江西	0.08	湖北	-0.01	山西	0.12	河南	0.36
10	安徽	0.02	安徽	0.05	安徽	-0.02	江西	-0.03	云南	-0.02
11	广西	-0.01	河北	-0.05	福建	-0.03	湖南	-0.07	宁夏	-0.06
12	黑龙江	-0.06	内蒙古	-0.12	新疆	-0.03	陕西	-0.10	重庆	-0.13
13	云南	-0.1	湖南	-0.13	湖南	-0.06	吉林	-0.20	湖北	-0.14
14	辽宁	-0.1	山西	-0.16	江西	-0.09	重庆	-0.21	山西	-0.23
15	江西	-0.25	重庆	-0.18	陕西	-0.12	安徽	-0.23	吉林	-0.29
16	贵州	-0.29	云南	-0.22	山西	-0.18	湖北	-0.25	辽宁	-0.38
17	山西	-0.3	陕西	-0.27	辽宁	-0.19	内蒙古	-0.27	陕西	-0.48
18	陕西	-0.3	福建	-0.28	云南	-0.19	黑龙江	-0.27	广西	-0.55
19	内蒙古	-0.32	湖北	-0.34	黑龙江	-0.25	云南	-0.33	内蒙古	-0.60

续表

分项排名	文艺演出		培训服务		展览服务		讲座服务		流动服务	
20	湖北	-0.37	新疆	-0.37	甘肃	-0.30	广西	-0.41	江西	-0.62
21	宁夏	-0.41	吉林	-0.38	重庆	-0.39	新疆	-0.43	贵州	-0.66
22	重庆	-0.41	贵州	-0.42	贵州	-0.44	福建	-0.45	新疆	-0.86
23	福建	-0.53	黑龙江	-0.46	内蒙古	-0.48	贵州	-0.53	广东	-0.86
24	吉林	-0.55	甘肃	-0.60	吉林	-0.62	甘肃	-0.54	甘肃	-0.91
25	甘肃	-0.58	宁夏	-0.70	青海	-0.77	青海	-0.72	西藏	-1.07
26	青海	-0.7	海南	-0.70	西藏	-0.80	宁夏	-0.72	福建	-1.09
27	西藏	-0.76	青海	-0.71	海南	-0.88	西藏	-0.76	青海	-1.13
28	海南	-0.92	西藏	-0.73	宁夏	-0.88	海南	-0.79	海南	-1.13

注:得分计算首先利用Z-Score技术对各指标数据进行去量纲处理,然后根据二级权重加权汇总。

表5-22 2017年目标省份分项服务效能得分及排名

省份	文艺演出	培训服务	展览服务	讲座服务	流动服务
重庆	-0.41	-0.18(15)	-0.39(21)	-0.21(14)	-0.13(12)
湖南	0.03	-0.13(13)	-0.06(13)	-0.07(11)	1.52(4)
宁夏	-0.41	-0.70(25)	-0.88(28)	-0.72(26)	-0.06(11)
黑龙江	-0.06	-0.46(23)	-0.25(19)	-0.27(18)	0.49(8)

注:( )内为全国排名

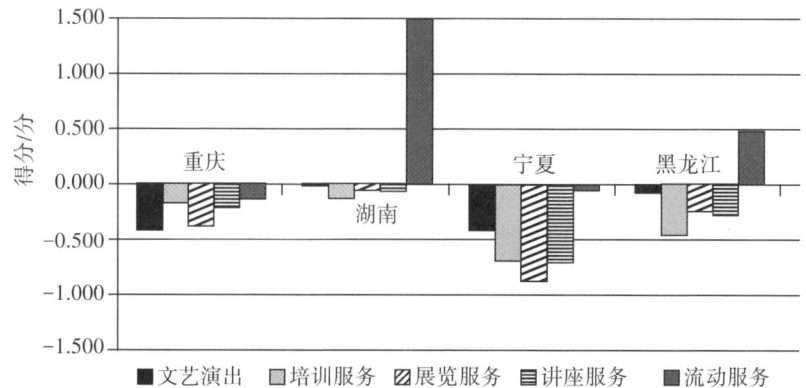

图5-8 2017年目标省份服务效能情况

图5-8显示了重庆、湖南、宁夏和黑龙江四个省份县级文化馆各类服务的标准化得分值,得分小于0表示处于平均水平以下。可以发现除湖南和黑龙江的流动服务高于平均水平以外,其余各省份各项服务效能得分均低于全国平均水平。

最后,利用表5-21计算得出的各省份各项内容标准化得分和一级指标权重值,可以计算得出各省份县级图书馆服务效能综合得分及排名情况,综合得分大于0表明高于平均水平,小于0表明低于平均水平。结果如表5-23所示。可以发现,湖南综合得分为0.22,排在全国第十一位;黑龙江综合得分-0.13,排位第十三;重庆综合得分为-0.27,排位第十九;宁夏综合得分-0.56,排位第二十四。

表5-23　2017年各省份县级文化馆服务效能综合得分评价结果

总排名	1	2	3	4	5	6	7
省份	浙江	河南	山东	广西	四川	江苏	新疆
综合得分	1.15	1.00	0.94	0.83	0.80	0.61	0.34
总排名	8	9	10	11	12	13	14
省份	广东	河北	安徽	湖南	辽宁	黑龙江	山西
综合得分	0.29	0.29	0.24	0.22	0.01	-0.13	-0.15
总排名	15	16	17	18	19	20	21
省份	江西	云南	湖北	陕西	重庆	内蒙古	吉林
综合得分	-0.17	-0.18	-0.23	-0.25	-0.27	-0.35	-0.41
总排名	22	23	24	25	26	27	28
省份	贵州	福建	宁夏	甘肃	青海	西藏	海南
综合得分	-0.46	-0.47	-0.56	-0.59	-0.80	-0.82	-0.88

(三)服务效率评价

公共文化服务效率本质上是公共文化资源的投入产出比,它反映公共文化服务效果与其消耗资源之间的对比关系,强调效率能够客观评价公共文化服务成效,最大限度地利用好有限的公共服务资源。注意到部分目标省份县级文化馆在要素投入和服务效能方面的综合排名有较大变

化,本研究使用效率评价理论和方法对各省份县级文化馆投入—产出的
比例关系进行系统分析,并对DEA效率计算结果进行分解,以获得对各
省份尤其是目标省份县级文化馆服务效率的科学评价和深刻认识。与排
名变化情况比较吻合,湖南处于DEA有效状态,黑龙江、重庆和宁夏三个
地区的县级文化馆服务均处于无效状态(如表5-24所示)。

表5-24 2017年各省份县级文化馆服务效率评价结果

总排名	1	1	1	1	1	1	1
省份	浙江	河南	湖南	广西	四川	云南	新疆
综合得分	1.000	1.000	1.000	1.000	1.000	1.000	1.000
总排名	8	9	10	11	12	13	14
省份	江苏	山东	辽宁	安徽	河北	湖北	黑龙江
综合得分	0.991	0.959	0.947	0.890	0.885	0.756	0.704
总排名	15	16	17	18	19	20	21
省份	山西	西藏	吉林	广东	贵州	宁夏	陕西
综合得分	0.617	0.617	0.603	0.448	0.445	0.414	0.406
总排名	22	23	24	25	26	27	28
省份	内蒙古	江西	甘肃	重庆	福建	海南	青海
综合得分	0.382	0.313	0.273	0.272	0.098	0.083	0.056

三、乡镇文化站

截至2017年,我国乡镇文化站共33997个。[1]其中,重庆乡镇级行政
区划1028个,乡镇文化站817个;湖南乡镇级行政区划1929个,乡镇文化
站2108个;宁夏乡镇级行政区划237个,乡镇文化站200个;黑龙江乡镇
级行政区划1197个,乡镇文化站900个。(如表5-25所示)

---

[1]由于行政区划调整的原因,北京、上海、天津已经不存在县一级行政区,因此本文未将这三个
直辖市纳入观察样本,下同。

表5-25 2017年各省份乡镇文化站数量

省份	机构数/个	省份	机构数/个
河北	1988	湖南	2108
山西	1196	广东	1175
内蒙古	897	广西	1127
辽宁	950	海南	199
吉林	626	重庆	817
黑龙江	900	四川	4267
江苏	910	贵州	1404
浙江	964	云南	1302
安徽	1285	西藏	684
福建	963	陕西	1237
江西	1622	甘肃	1229
山东	1212	青海	360
河南	1904	宁夏	200
湖北	1030	新疆	1019

数据来源:中华人民共和国文化和旅游部.中国文化文物统计年鉴2018[M].北京:国家图书馆出版社,2018:174.

(一)投入—产出评价

根据县级文化馆服务标准和乡镇文化站工作实际,本课题选择站均从业人员、站均专职人员、站均藏书量、站均计算机和村均文化室5项指标作为乡镇文化站服务要素投入评价指标,文化服务次数和文化服务人次作为产出指标。(如表5-26所示)

表5-26　2017年各省份乡镇文化站投入—产出情况

省份	要素投入水平				服务产出水平		
	总从业人员/人	总专职人员/人	总藏书/万册	总计算机/台	总村文化服务中心/个	文化服务/次	服务人次/万人次
河北	4429	2244	852.35	7687	41776	38683	627.32
山西	2180	1449	438.91	9689	26898	20456	468.17
内蒙古	2457	1457	280.58	4940	11881	14594	309.95
辽宁	2029	1222	507.76	5637	29925	14189	334.21
吉林	1565	1146	273.23	3237	9470	10825	203.42
黑龙江	1601	1118	396.21	4574	8456	14022	257.97
江苏	2424	2464	2254.2	9361	6110	47008	1364.2
浙江	3613	2384	1632.02	11079	25366	71628	4921.07
安徽	3540	3056	524.71	15220	14667	49057	1129.3
福建	4139	1456	471.64	6124	13962	20868	465.39
江西	2604	2031	655.83	8466	51705	22045	463.78
山东	3853	2337	1447.02	14375	50472	65424	1538.15
河南	3503	3737	634.51	12164	37781	54320	1279.29

续表

省份	要素投入水平				服务产出水平		
	总从业人员/人	总专职人员/人	总藏书/万册	总计算机/台	总村文化服务中心/个	文化服务/次	服务人次/万人次
湖北	2258	1625	725.03	7731	20658	30804	945.72
湖南	5494	3631	1291.25	11217	36456	32216	957.12
广东	6598	3858	1853.97	13360	26323	44051	2125.57
广西	2886	1924	699.16	10041	14187	29487	817.09
海南	488	276	88.25	1757	3319	3265	90.03
重庆	3381	2478	465.48	3964	12638	30495	826.26
四川	7459	3710	1533.91	34262	39201	79259	1924.88
贵州	4489	2504	830.14	12314	14336	23580	797.28
云南	4352	3303	533.26	14208	11744	34426	1076.05
西藏	4592	1872	121.66	3605	4403	9166	146.19
陕西	3919	2254	407.5	8185	23454	26355	724.91
甘肃	4344	2631	392.82	8576	30259	21548	490.41
青海	509	174	77.73	1931	2546	5517	84.59
宁夏	651	420	96.88	2195	2834	6220	143.71

续表

省份	要素投入水平				服务产出水平		
	总从业人员/人	总专职人员/人	总藏书/万册	总计算机/台	总村文化服务中心/个	文化服务/次	服务人次/万人次
新疆	3151	1901	664.47	6221	8943	56972	1106.31

数据来源：中华人民共和国文化和旅游部.中国文化文物统计年鉴2018[M].北京：国家图书馆出版社，2018:174-179.

利用AHP方法对各项投入产出指标赋权，并结合表5-26的具体数据，计算得出2017年各省份乡镇文化站投入和产出综合得分，如表5-27所示。

表5-27 2017年各省份乡镇文化站服务投入与产出综合得分情况对照表

排名	省份	投入	省份	产出
1	广东	1.6629	广东	2.1307
2	江苏	1.3903	四川	2.0582
3	浙江	1.0466	浙江	1.5461
4	重庆	0.9066	山东	1.1941
5	安徽	0.6831	新疆	1.0558
6	山东	0.5991	河南	0.8558
7	宁夏	0.4995	江苏	0.5478
8	云南	0.3360	安徽	0.4643
9	吉林	0.2021	云南	0.3660
10	新疆	0.1658	湖南	0.2085
11	甘肃	0.0962	河北	0.1312
12	广西	0.0925	广西	0.0351
13	贵州	0.0650	重庆	-0.0726
14	陕西	0.0158	陕西	-0.2019

续表

排名	省份	投入	省份	产出
15	河南	-0.1587	贵州	-0.3235
16	湖南	-0.1734	湖北	-0.3612
17	江西	-0.2094	江西	-0.4160
18	辽宁	-0.3072	山西	-0.4623
19	内蒙古	-0.3748	甘肃	-0.4870
20	福建	-0.3820	福建	-0.6025
21	西藏	-0.4676	辽宁	-0.6802
22	海南	-0.4835	内蒙古	-0.7715
23	湖北	-0.5635	黑龙江	-0.8448
24	山西	-0.6433	吉林	-0.8649
25	四川	-0.8989	宁夏	-1.0471
26	黑龙江	-0.9466	西藏	-1.1234
27	河北	-1.0423	青海	-1.1524
28	青海	-1.1105	海南	-1.1826

表5-28反映出2017年重庆、湖南、宁夏和黑龙江四个省份乡镇文化站的投入和产出综合得分及排名情况。

表5-28　2017年目标省份乡镇文化站服务投入与产出情况对照表

省份	投入情况		产出情况	
	得分	排名	得分	排名
重庆	0.9066	4	-0.0726	13
湖南	-0.1734	16	0.2085	10
宁夏	0.4995	7	-1.0471	25
黑龙江	-0.9466	26	-0.8448	23

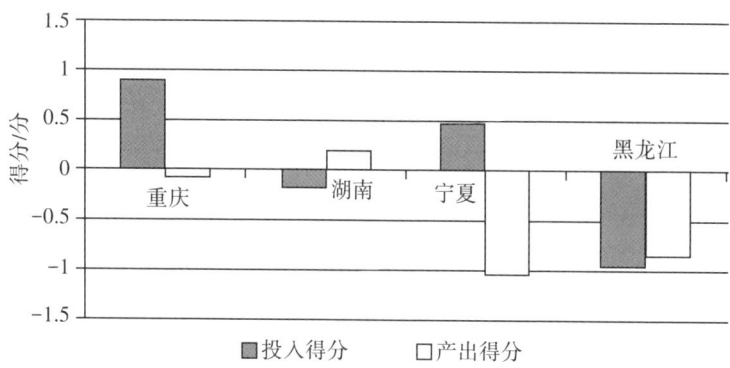

图5-9 2017年目标省份乡镇文化站投入—产出情况

图5-9显示了重庆、湖南、宁夏和黑龙江四个省份乡镇文化站投入—产出的标准化得分值,得分小于0表示处于平均水平以下。从投入上看,重庆、宁夏两地高于平均水平,湖南、黑龙江低于平均水平;从产出上看,湖南高于平均水平,重庆、宁夏、黑龙江低于平均水平。

(二)服务效率评价

进一步对各省份乡镇文化站服务效率评价,利用DEA方法和投入产出原始数据计算得出各省份效率值,如表5-29所示。可知,四个省份均处于DEA无效状态,对比发现,湖南相对效率得分最高,为0.66,排位第八,重庆为0.338,排位第十四,黑龙江为0.243,排位第二十三,而宁夏得分最低,仅0.077,排位第二十七。

表5-29 2017年各省份乡镇文化站服务效率评价结果

总排名	1	2	3	4	5	6	7
地区	河北	广东	四川	新疆	河南	浙江	山东
综合得分	1.000	1.000	1.000	0.890	0.840	0.819	0.682
总排名	8	9	10	11	12	13	14
地区	湖南	云南	江西	安徽	江苏	陕西	重庆
综合得分	0.66	0.545	0.466	0.465	0.439	0.402	0.338
总排名	15	16	17	18	19	20	21
地区	广西	湖北	福建	甘肃	辽宁	贵州	山西
综合得分	0.336	0.325	0.301	0.293	0.27	0.267	0.258

续表

总排名	22	23	24	25	26	27	28
地区	内蒙古	黑龙江	吉林	西藏	青海	宁夏	海南
综合得分	0.254	0.243	0.217	0.19	0.102	0.077	0.052

第四节 贫困地区基本公共文化服务群众满意度评价

一、指标和问卷

对贫困地区公共文化服务满意度的调查评价具有重要现实意义。本研究根据《国家基本公共文化服务指导标准(2015—2020年)》编制了一套基本公共文化服务满意度调查问卷,在对重庆市石柱县和丰都县、湖南省湘西土家族苗族自治州花垣县和保靖县、宁夏回族自治区固原市原州区和中卫市海原县、黑龙江省绥化市兰西县和齐齐哈尔市拜泉县等8县(区)、16乡镇(街道)、32村(社区)的基层公共文化服务场所(这些区域均属于国家扶贫开发工作重点县或集中连片特困地区县)进行调研的过程中进行了详细的问卷调查。总共发放调查问卷1600份,回收问卷1569份(回收率98.1%),其中有效问卷1458份(有效率92.93%)。

表5-30是贫困地区公共文化服务满意度评价指标体系,表5-31是有效样本数量及分布表。

表5-30 贫困地区公共文化服务满意度评价指标体系

	非常不满意	不满意	满意	很满意	非常满意	不知道
1.图书馆(室)/农家书屋	1	2	3	4	5	0
2.通广播电视	1	2	3	4	5	0

续表

	非常不满意	不满意	满意	很满意	非常满意	不知道
3.通互联网	1	2	3	4	5	0
4.放映电影	1	2	3	4	5	0
5.送地方戏	1	2	3	4	5	0
6.文化服务设施免费开放	1	2	3	4	5	0
7.体育锻炼设施免费开放	1	2	3	4	5	0
8.组织各类文体讲座培训	1	2	3	4	5	0
9.为残疾人配备无障碍设施	1	2	3	4	5	0
10.总体满意度	1	2	3	4	5	0

表5-31　有效样本数量及分布

省份	区县	发放问卷/份	回收问卷/份	有效问卷/份	有效率/%
重庆市	石柱县	200	196	183	93.37
	丰都县	200	194	181	93.30
湖南	花垣县	200	198	185	93.43
	保靖县	200	198	182	91.92
宁夏	原州区	200	196	182	92.86
	海原县	200	197	184	93.40
黑龙江	兰西县	200	194	180	92.78
	拜泉县	200	196	181	92.35

二、评价结果

（一）重庆市

重庆市石柱县的群众总体满意度为3.68,其中群众满意度较高的分别是广播电视(4.80)、通互联网(4.50)和读书看报(4.20),满意度较低的分别是无障碍设施(2.50)、体育设施(2.78)和放映电影(3.25)。丰都县的群众总体满意度为3.64,其中群众满意度较高的分别是广播电视(4.88)、文化设施免费开放(4.50)和通互联网(4.23),满意度较低的分别是无障碍设施(2.25)、放映电影(2.79)和送地方戏(2.88),如图5-10所示。

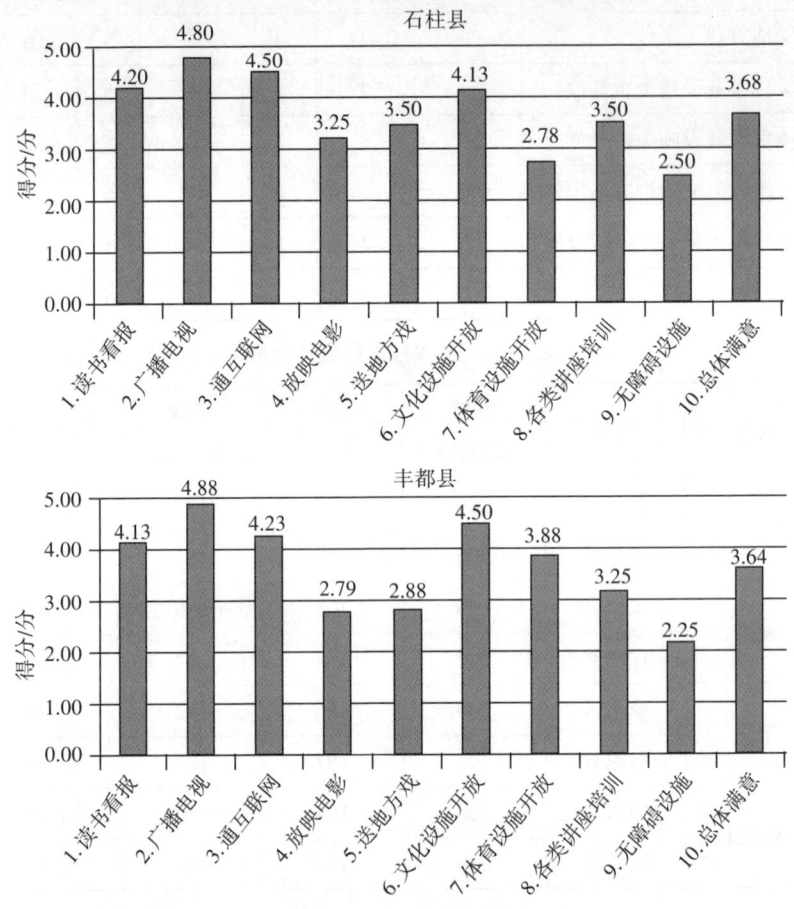

图5-10 重庆市石柱县、丰都县满意度调查结果

图5-11原因调查结果显示,重庆贫困地区居民对于公共文化服务不满意的原因集中于三点:一是服务内容不能满足自己的需求(35.75%),二是服务设施设备过于陈旧(25.50%),三是服务设施数量不够(20.45%)。

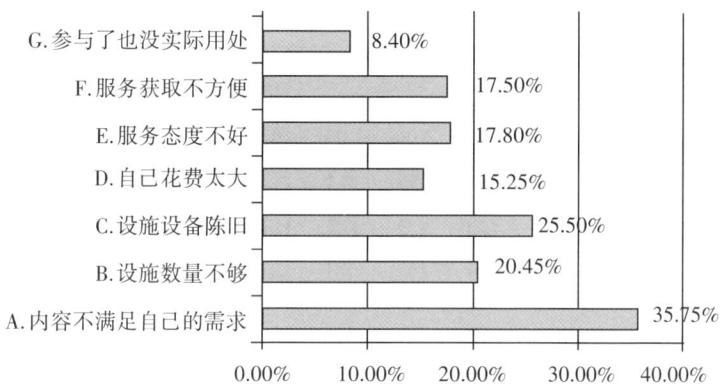

图5-11　重庆市贫困地区居民不满意的原因调查结果

（二）湖南省

湖南省花垣县的群众总体满意度为3.45，其中群众满意度较高的分别是广播电视（4.85）、文化设施免费开放（4.50）和通互联网（4.25），满意度较低的分别是无障碍设施（1.50）、送地方戏（2.70）和放映电影（2.75）。保靖县的群众总体满意度为3.36，其中群众满意度较高的分别是广播电视（4.50）、通互联网（4.25）和文化设施免费开放（4.00），满意度较低的分别是无障碍设施（1.75）、放映电影（3.00）和送地方戏（3.00），如图5-12所示。

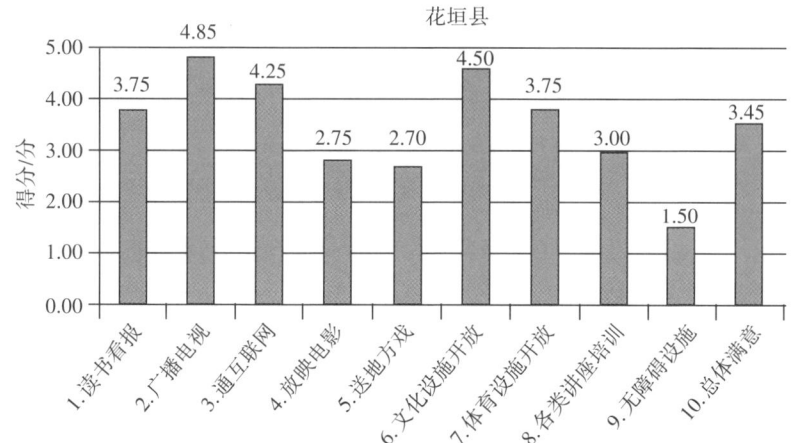

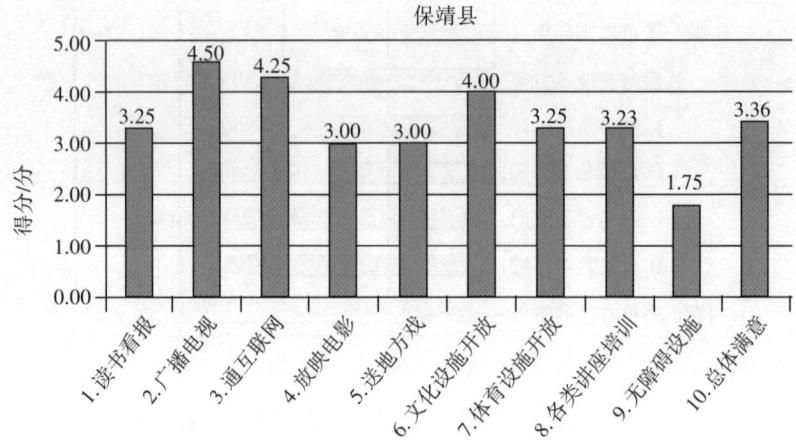

图5-12 湖南省花垣县、保靖县满意度调查结果

图5-13原因调查结果显示,湖南贫困地区居民对于公共文化服务不满意的原因集中于三点:一是服务内容不能满足自己的需求(33.50%),二是认为参与了也无实际用处(26.75%),三是服务设施设备过于陈旧(24.84%)。

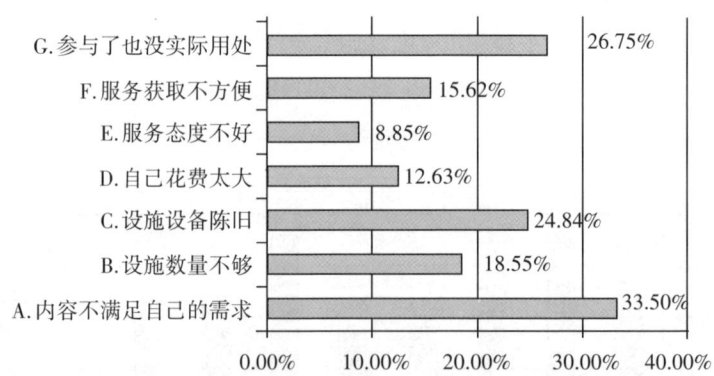

图5-13 湖南省贫困地区居民不满意的原因调查结果

(三)宁夏回族自治区

宁夏回族自治区原州区的群众总体满意度为3.54,其中群众满意度较高的分别是广播电视(4.85)、读书看报(4.00)、文化设施免费开放(4.00)和参加各类讲座培训(4.00),满意度较低的分别是无障碍设施(2.00)、送地方戏(2.75)、放映电影(3.25)和通互联网(3.25)。海原县的群众总体满意度为3.45,其中群众满意度较高的分别是广播电视(4.25)、文化设施免费开放(4.25)和体育设施免费开放(4.00),满意度较低的分别是无障碍设施(2.25)、放映电影(2.75)和送地方戏(3.00),如图5-14所示。

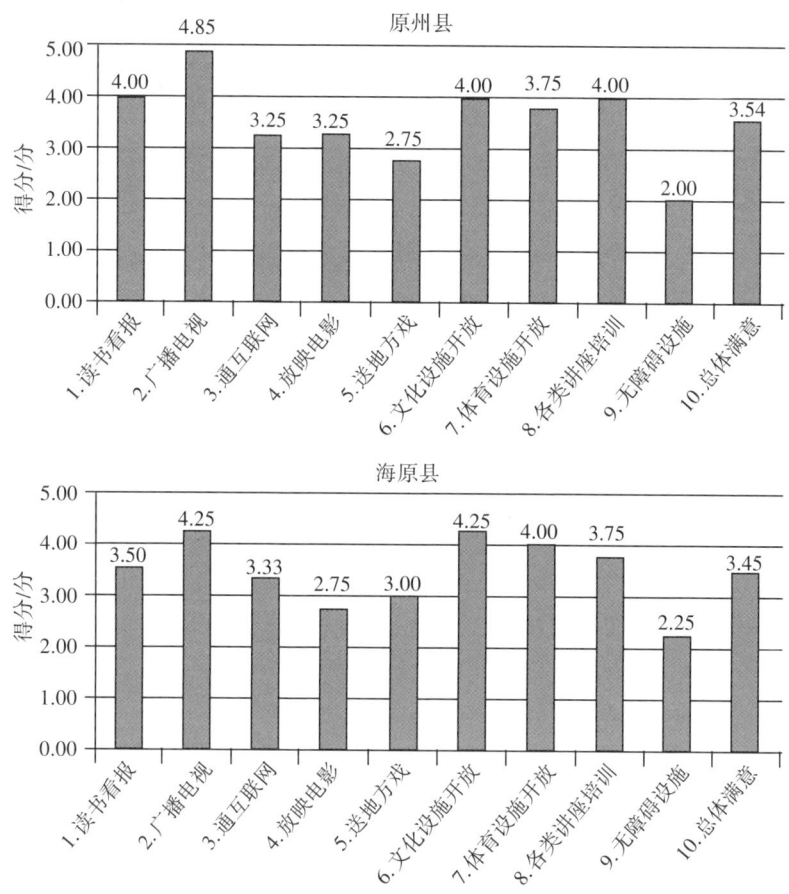

图5-14　宁夏回族自治区原州区、海原县满意度调查结果

图5-15原因调查结果显示,宁夏贫困地区居民对于公共文化服务不满意的原因集中于三点:一是服务内容不能满足自己的需求(37.75%),二是服务设施数量不足(23.60%),三是服务设施设备过于陈旧(21.82%)。

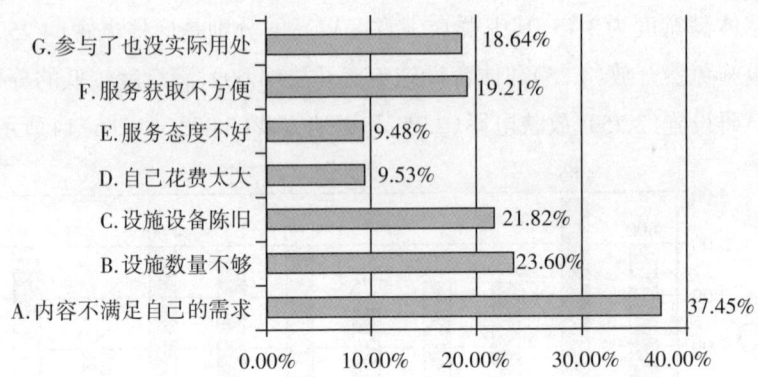

图5-15　宁夏回族自治区贫困地区居民不满意的原因调查结果

（四）黑龙江省

黑龙江省兰西县的群众总体满意度为3.50,其中群众满意度较高的分别是文化设施免费开放(4.75)、广播电视(4.50)和读书看报(4.25),满意度较低的分别是无障碍设施(1.50)、体育设施免费开放(2.75)和各类讲座培训(2.75)。拜泉县的群众总体满意度为3.06,其中群众满意度较高的分别是读书看报(4.00)、广播电视(4.00)和通互联网(3.50),满意度较低的分别是无障碍设施(2.00)、各类讲座培训(2.25)和体育设施免费开放(2.50),如图5-16所示。

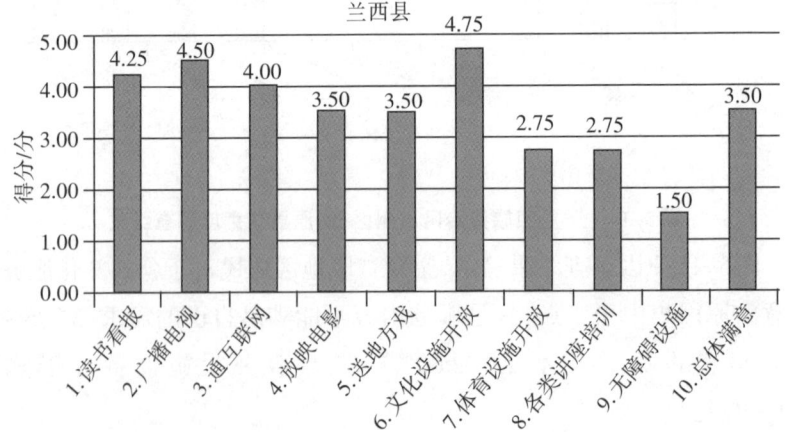

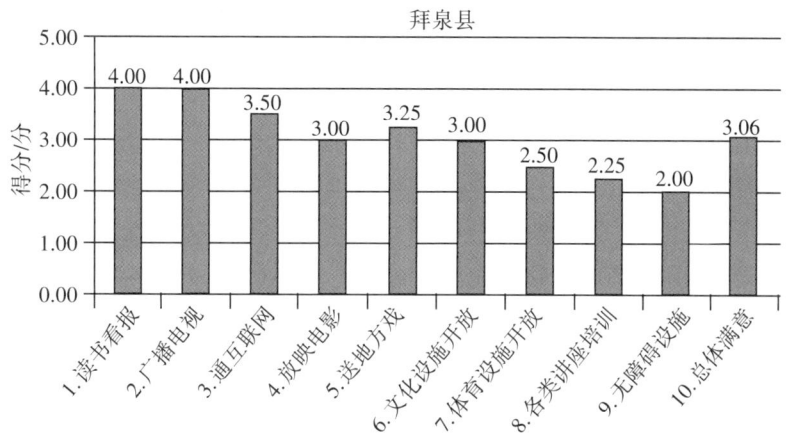

图5-16　黑龙江省兰西县、拜泉县满意度调查结果

图5-17原因调查结果显示,黑龙江贫困地区居民对于公共文化服务不满意的原因集中于三点:一是服务内容不能满足自己的需求(39.25%),二是认为参与了也无实际用处(33.75%),三是服务设施设备过于陈旧(28.18%)。

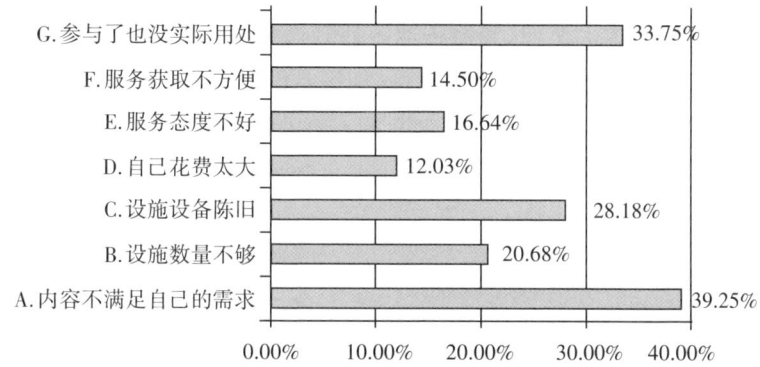

图5-17　黑龙江省贫困地区居民不满意的原因调查结果

第五节　贫困地区基本公共文化服务均等化
存在的问题

比照《国家基本公共文化服务指导标准(2015—2020年)》和文化部《"十三五"时期贫困地区公共文化服务体系建设规划纲要》,结合调研情况,发现贫困地区公共文化服务均等化发展存在以下问题:

一、农村公共文化资金投入不足

充足的资金是开展基本公共文化服务的保障。但在贫困地区,基本公共文化服务投入总量不足、投入结构不合理,对实现基本公共文化服务均等化造成了极大地阻碍。表现为:一是区县财政对公共文化投入力度小。各贫困地区农村基层公共文化建设起点低、基础薄弱、历史欠账较多、资金缺口较大。然而,当前各地区县财政对公共文化建设的投入主要用于保障重大文化设施和惠民工程,如区县图书馆、文化馆和博物馆"三馆"建设,对农村基层公共文化建设投入力度较小、投入保障不足。在投入的结构偏好上,财政投入重视文化设施硬件配备,对公共文化服务、活动经费等"软性"投入明显不足,难以满足公共文化建设的实际需求。二是农村基层对公共文化投入缺乏长效机制。由于村集体经济发育不足,体量较小,农村基层难以对公共文化建设提供充足的资金保障,村级公共文化活动开展和经费支出则普遍以领导干部的个人意志为主,还未形成公共文化稳定投入的规范化、常态化、制度化机制,导致农村公共文化设施设备更新不及时,部分老化陈旧的设施缺乏维护与补充,如调研发现部分地区乡镇文化站和村文化室提档升级尚未全面完成,服务功能还不完善,影响了基层群众对公共文化的获得感。

二、基本公共文化服务效能较低

群众既是基本公共文化服务的对象,也是基本公共文化服务的主体。然而,在贫困地区基本公共文化建设中,由于对群众主体性角色的认识不足,出现了服务效能低下等困境。一是农村公共文化服务供需错位。目前基本公共文化服务的供给上仍然是以自上而下的行政化配置为主,对群众需求考虑不足,使得公共文化服务供需脱节,造成了资源的浪费。如调研发现大部分农村电子图书室无人使用,长期处于封闭状况,成了场地和功能虚置的"空壳"。在公共文化活动的开展上,如送文化、送演出、送展览缺乏反映地域文化特色和人民群众需求的作品,产生了"送非所需、需不能送"等问题。以电影下乡活动为例,随着时代变化,其放映形式、放映内容与群众需求不相符,固守传统使其面临着"叫好不叫座"的尴尬境地,亟待进行改革与调整。二是公共文化资源有待进一步下沉。贫困地区农村多为山区农村,各乡镇、行政村平均覆盖和辐射面积广,农民居住较为分散。然而,目前基层公共文化设施主要集中在乡镇政府以及村委会等地,致使农村公共文化阵地建设出现了设置不优、覆盖不全的问题,对于偏远地区的农民来说,公共文化服务的可接近性有待提升,导致农民对公共文化的参与性不足,影响了基本公共文化服务的使用效能。

三、基本公共文化服务标准化建设滞后

所谓基本公共文化服务标准化,是指利用标准化的方法和技术手段,推进基本公共文化服务规范化和均等化的创新型工作,保障公民享有优质高效的公共文化服务[①]。为了推进基本公共文化服务标准化建设,2015年,国家层面颁布了《国家基本公共文化服务指导标准(2015－2020年)》,各地区依照该文件详细部署了本区域内的基本公共文化服务标准。然而,调研发现,我国贫困地区由于财力的不足,在设施建设的标准化以及管理、服务的标准化方面还存在不少问题,与国家的标准化要求相去甚

---

① 柯平,刘旭青,裴爽,奚悦.基本公共文化服务标准化的研究现状与问题[J].情报资料工作,2018(03):6-10.

远。一是在免费开放上,部分贫困地区的县级图书馆、文化馆还尚未完全予以推行,部分项目仍然采用收费模式。二是在服务项目上,虽然大部分图书馆设置了综合阅览室、少儿阅览室、电子阅览室等场地,文化馆提供了舞蹈、器乐等相关服务设施,但服务项目的种类还比较单一,内容单薄,数量较少,影响了公共文化活动的开展和群众日常使用,还有待进一步提高和改进。

四、公共文化服务均等化程度有待提升

近年来,各地区在基本公共文化服务均等化方面取得了突出成绩,大幅度消减了"公共文化鸿沟",但城乡、农村内部以及群体之间基本公共文化发展不平衡不均衡状况依然存在。一是城乡公共文化投入不均等。贫困地区基层公共文化建设起点低、基础薄弱、历史欠账较多、资金的缺口较大。然而,当前各地对公共文化建设的投入主要用于保障城区重大文化设施,如区县图书馆、文化馆和博物馆"三馆"建设,对农村基层公共文化建设投入力度较小、投入保障不足,城乡之间公共文化服务的不平衡依然存在。二是农村内部资源配备不均衡。在农村内部、各镇之间、各村之间的资源配备存在较大的差距。如调研发现,在一些人口密集、经济发展程度较好的镇、村,公共文化服务的投入水平普遍较高,公共文化场馆较为充裕,设备更为先进,而在那些位置较为偏远,经济羸弱的镇、村则存在文化服务设施相对落后、文化内容单一、质量良莠不齐、文化服务整体水平相对较低的问题。三是群体之间公共文化服务不均衡。目前贫困地区提供的公共文化服务依然是一种普遍性的服务,对特殊群体需求的考量不足。如调研发现,县级文化部门和乡镇文化服务机构还尚未对留守儿童、残疾人、老年人、儿童、留守妇女、流动妇女、低收入群体提供有针对性的文化服务项目,县图书馆也未收藏盲文书,部分县级文化馆、乡镇文化站甚至没有设置盲道、轮椅通道,对特殊群体的文化服务严重滞后。

五、公共文化人才队伍建设亟待强化

人才是推动国家经济建设的关键,文化人才则是促进我国基本公共均等化建设的重要力量。但由于区域发展不平衡,当前贫困地区在基本公共文化均等化建设中仍然存在人才结构失衡与人才匮乏的难题。表现一是农村公共文化专业人才结构不合理。对贫困地区的调研发现,各地农村基层公共文化专业人才年龄大都在50岁以上,年龄偏大,工作心气、精力和能力有限,中青年文化人才紧缺,断层严重。专业职称上,公共文化专业技术人才以初级职称为主,中高级职称占比非常低且晋升渠道不畅,职称结构不合理。部分乡镇文化专业人员属于半路出家,来自乡镇农业服务中心、计生服务站等单位,缺乏文化艺术知识及管理知识储备,业务不熟、专业能力差。二是公共文化专业人员混岗现象普遍。农村基层公共文化专业人才还存在大量"在编不在岗""专干不专业"等情况。如对重庆各乡镇的调研发现,乡镇文化站普遍拥有三个事业编制,但实际仅有一人为专职人员,其他专业人员则以混岗、抽调的形式从事其他工作,行政村文化服务中心的岗位多由村干部兼任。公共文化人才的巨大缺口,导致缺乏专业的公共文化人才对阵地进行有效管理,给公共文化活动组织与开展上带来了不少困境,远远不能满足当前民众对基本公共文化的需求。

本章小结

本章主要针对贫困地区公共文化服务发展的均等化水平进行了定量分析,并对目标省份贫困县(区)的公共文化服务满意度进行了走访调查,研究结果表明,一是我国公共文化服务呈"东高西低"态势,县级公共文服务效能与地区经济社会发展水平具有一定的内在耦合关系。二是在基本公共文化服务各要素中,人才和资金是保障和提高基本公共文化服务质量的重要基础,有助于推动公共文化服务的良性发展。三是贫困地区公共文化服务经费、基本公共文化服务效能与发达地区存在较大差距。四是贫困地区群众对公共文化服务的总体满意度不高,其主要原因在于基层文化服务机构未设置针对特殊群体的内容和设备,文化设施设备数量不够、质量陈旧等。五是贫困地区基本公共文化服务均等化发展的突出瓶颈主要在于农村公共文化资金投入不足、基本公共文化服务效能较低、标准化建设滞后、均等化程度有待提升以及人才队伍建设亟待强化等方面。

第六章

贫困地区基本公共文化服务均等化的主要矛盾与趋势研判

本章以重庆、湖南、宁夏、黑龙江贫困地区基本公共文化服务均等化的调研情况为基础，全面客观地总结了各地区在实现基本公共文化服务均等化方面面临的主要矛盾，并对其未来基本的发展趋势做出了研判。

第一节　贫困地区基本公共文化服务均等化的主要矛盾

在经济社会发展的过程中，矛盾无时不在、无处不在，矛盾是推动社会发展的根本动力。就我国而言，在不同的发展时期，我国社会的主要矛盾并不相同。新中国成立之初，随着我国对个体农业、手工业和资本主义工商业社会主义改造的完成，实现了从"新民主主义社会"到"社会主义社会"的过渡。1956年，党的八大对此进行了总结，提到"我们国内的主要矛盾，已经是人民对于建立先进的工业国的要求同落后的农业国的现实之间的矛盾，已经是人民对于经济文化迅速发展的需要同当前经济文化不能满足人民需要的状况之间的矛盾。"[①] 1978年，在党的十一届三中全会上，邓小平做出了实行改革开放的伟大决定，标志着中国社会的重心转移到以经济建设为中心上来。经过社会主义建设初期的积累，我国国民经济发展迅速，社会发展水平有了显著提高，1981年在党的十一届六中全会上，将我国社会的主要矛盾变更为"人民日益增长的物质文化需要同落后的社会生产之间的矛盾"。经过改革开放40年艰苦卓绝的努力，围绕中国特色社会主义发展的坐标定位，习近平总书记在党的十九大指出，中国特色社会主义进入新时代，我国社会主要矛盾已经转换为人民日益增长的对美好生活的需要和不平衡不充分的发展之间的矛盾。可以预

---

① 中共中央文献研究室编.建国以来重要文献选编(第9册)[M].北京:中央文献出版社,1994:341.

见,中国特色社会主义进入新时代,随着生产力水平的提高,贫困地区居民既对物质生活提出更高要求,也对精神生活提出了更高要求。贫困地区的基本公共文化服务体系建设也必然需要解决经济发展理路与基本公共文化服务供给理念的矛盾、地方财力吃紧与基本公共文化服务投入不足的矛盾、基本公共文化服务人才需求与供给匮乏的矛盾、基本公共文化服务技术革新与应用推广的矛盾等内外部矛盾。

一、经济发展理路与基本公共文化服务供给理念的矛盾

长期以来,我国秉持的发展理念在于实现经济增长。新中国成立之初,为了改变一穷二白的社会面貌,我国实行重工业优先发展的战略,实现了国民经济的恢复与重建,建立了较为完善的国民经济体系。十一届三中全会之后,我国实行了改革开放,再一次将工作重心转移到经济建设上来,通过推动生产力与生产关系的变革,促进经济的增长。随着经济体制的改革与市场经济体制的建立,经济高速增长,并超越日本成为世界上第二大经济体,创造了中国发展的经济奇迹,也彰显出了强劲的国家实力。

通过长期的经济发展,人民的收入水平大为提升,物质需求得到基本满足。但与此同时,文化需求却长期受到忽略。直到党的十六大,文化发展才逐渐引起国家层面的重视,并从顶层设计的层面颁布了《中共中央关于深化文化体制改革、推动社会主义文化大发展大繁荣若干重大问题的决定》,开始对文化领域的发展和改革做出纲领性部署。在这样的背景下,2013年,在《中共中央关于全面深化改革若干重大问题的决定》中,提出了要促进"基本公共文化服务标准化、均等化"①。2017年,国务院发布了《"十三五"推进基本公共服务均等化规划》,其中进一步对基本公共文化服务均等化进行了详尽的描述,成为"十三五"乃至今后一段时间里促进基本公共文化服务均等化的指导性意见。

---

① 中共中央关于全面深化改革若干重大问题的决定(2013年11月12日中国共产党第十八届中央委员会第三次全体会议通过)[J].求是,2013(22):3-18.

为何我国长期注重经济发展而忽视文化发展，除了我国的国情外，主要有两方面的原因。第一，人们的认识局限性。在很长一段时间里，文化被认为是务虚的，无法产生有效生产力，文化软实力和经济硬实力的相互支撑作用得不到人们的重视。实际上，既有研究已经证实公共文化服务具有一定的"溢出效应"，对促进经济增长具有正向效应[①]，但由于主客观条件的限制，人们对此的认识还不够客观和全面。此外，文化在实现人的全面发展上的作用也没有被充分认识。人的全面发展不仅限于物质层面，而是物质层面与文化层面的相统一，任何单一层面上的满足都不可能是人的全面发展。进入中国特色社会主义新时代，随着社会主要矛盾的转化，满足人们在文化层面的需求更加重要。第二，文化成果的特殊性。从微观层面来说，相比于经济成果，公共文化服务成果难以量化，业绩难以衡量，且成果转化为经济效益的时间较长。因此，在经济偏向型的考核体制下，地方政府往往优先考虑经济性产品的供给，公共文化服务等非经济性产品供给处于次等地位。由此，造成了经济发展理路与基本公共文化服务供给理念在实践中的矛盾。

对于贫困地区而言，其面临的经济发展与基本公共文化服务供给的矛盾更为突出。由于历史传统、自然环境、地理区位等因素的限制，贫困地区生产力水平较为落后，在全国属于后发地区，为了尽快摘除"贫困帽"，其工作重心在于通过发展经济提高居民收入水平，在公共产品的提供上，贫困地区政府热衷于提供一些与经济发展密切相关的公共服务。对于那些与经济增长关系略为松散，但与人民群众生活水平密切相关、公共性较强的服务，政府供给相对较少。即便是与经济发展密切相关的公共服务，政府的偏好也更多的在于那些"看得见、摸得着"的公共服务产品[②]，如教育、医疗等，对于为人们提供文化浸润和精神享受的产品供给较为缺乏，出现了重经济发展、轻文化建设的倾向。

如课题组对湖南省花垣县和保靖县文化场所的调研就发现，贫困地

① 张立新，张敏，王菲.公共文化产品供给的经济增长效应研究——基于中国省域面板数据的分析[J].图书馆,2018(08):17-21.

② 刘润兰.扶贫开发要引入政府购买社会服务[J].理论视野,2016(07):81-82.

区的干部群众对基本公共文化服务持较为消极的态度,大部分群众不了解上述场馆,也未曾利用相关资源,对问卷中的相关问题多回答"不了解、不清楚"。甚至有受访群众提出,基本公共文化服务"没什么用",还不如直接"折现"实际①。由此可见,贫困地区对基本公共文化服务的重要性认识还不到位,导致对其的需求性尚未展现出来。此外,也不难看出贫困地区群众普遍有一种"务实"的心态,并没有意识到基本公共文化服务对其经济发展的潜在影响。事实上,贫困问题表面上看是经济问题,但其背后深层次暴露出来的是文化问题,与其科学文化素质、价值观念、生活态度密不可分。

另外,由于部分群众对基本公共文化服务的热情不高,造成有关工作人员对基本公共文化服务的重要性认识不够,积极性、主动性和创造性不高,一定程度上还存在着被动应付的现象。如在《国家基本基本公共文化服务指导标准(2015—2020年)》中,对基本公共文化服务的基本项目、基本数量、服务标准做了要求,但该标准强调的是普适性,留有的自由裁量权较大。贫困地区在推动基本公共文化服务的建设中,工作人员常采取打擦边球的方式,按最低标准执行。因此,推动基本公共文化服务均等化,特别是贫困地区公共文化服务均等化还任重道远,需要进一步促进发展方式转变与认知观念更新,以此来破解经济发展理路与基本公共文化服务供给理念的矛盾。

二、地方财力紧张与基本公共文化服务投入不足的矛盾

公共文化服务是国家基本公共服务体系的重要组成部分,其发展水平直接关乎国家基本公共服务的总体均等化程度。②而公共文化服务水

---

① 2017年8月10—13日,课题组对湖南省湘西土家族苗族自治州花垣县、保靖县进行了调研,对两县的图书馆、文化馆、博物馆以及乡镇文化站等基层公共文化服务机构的服务内容、服务设施和服务效能等进行了实地暗访调研和问卷调查。

② 张启春,李淑芳.公共文化服务的财政保障:范围、标准和方式[J].江汉论坛,2014(04):123-130.

平的提升与公共文化服务效能的提高,与政府对公共文化服务的投入密不可分。当前,文化服务投入的范围覆盖广,经费需求大,包括公共文化服务设施,公共文化产品、服务和公益性文化活动等各项支出。此外,为了实现公共文化服务的正常运行,还需要在日常管理和运行方面投入相关经费[①]。仅以在重庆市忠县调研[②]的村级综合性文化服务中心为例,从服务内容上,包括农村基本公共文化服务,如文艺演出、电影放映、广播电视、读书看报、问题活动、展览展示、教育培训等;农村特殊群体文化服务,如针对农村老年人、残疾人、留守妇女、留守儿童等群体的文化权利保障;农村科普和法治教育服务;农村党员教育服务。从硬件设施来看,包括文体广场建设、活动室建设(如图书阅览室、电子阅览室、新时代文明实践站、棋牌室等)等,以及后续设备维护更新。在日常管理方面,村级文化服务中心一般需要配备至少1名管理人员与数名文化志愿者。但就投入而言,我国基本公共文化服务实行中央与地方共担机制。仅从地方来看,自实行分税制改革以来,财权体制由“包干制”转变为“分税制”,财权上移[③],地方财政因各地经济发展水平不一呈现出很大的差异性,因此,对于文化事业的投入经费总量也有所不同。分区域看,2018年,东部地区文化单位文化事业费416.24亿元,占44.8%;中部地区文化单位文化事业费232.71亿元,占25.1%;西部地区文化单位文化事业费242.93亿元,占26.2%[④]。贫困地区大都位于中西部老、少、边、穷地区,因其经济发展的落后,政府财力较为羸弱,甚至不少贫困地区都是处于财政赤字的状况之中,在财政投入和分配上具有一定的“侧重”。公共文化服务一度被视为难以生产经济效益的“软公共产品”,或是由于其成效的延迟性,往往在政府投入的排序上处于后位。因此,对于贫困地区而言,地方政府对公共文

① 吴理财.积极推进城乡公共文化服务均等化——基于20省80县(市、区)的问卷调查分析[J].湘潭大学学报(哲学社会科学版),2014(04):21-27.

② 2019年8月7-9日,课题组对忠县的基层公共文化服务场所进行了实地调研,对相关部门、事业单位、乡镇(街)文化站、村(社区)综合文化活动中心等公共文化服务机构进行了座谈、走访。

③ 付敏杰.分税制二十年:演进脉络与改革方向[J].社会学研究,2016(05):215-240、245-246.

④ 人民网.文化和旅游部2018年文化和旅游发展统计公报发布[EB/OL].(2019-05-30)[2019-12-30]. http://culture.people.com.cn/n1/2019/0530/c1013-31110484.html.

化服务的投入上更显不足,这在一定程度上桎梏了其公共文化服务的供给,基本上只提供少量价格低廉的、群众需求紧迫的基本公共文化服务,或者是只能在基础设施建设上做出一定的投入,但在后期的维护和管理上则难以为继。

另一方面,贫困地区公共文化建设由于起点低,基础薄弱,与发达地区的差距非常明显。即便是同一省区市,贫困地区与非贫困地区在公共文化服务建设上也存在非常大的差异。一般来说,经济发展较好的地区,公共文化服务建设方面设施普遍较为齐全,设备也更为先进,形式内容更为多样,在公共文化服务的可及性上也更为便利。而贫困地区的公共文化服务则显得相当萧条。长此以往,贫困地区公共文化服务体系建设将出现劣势累积的状况,地方财力吃紧与基本公共文化服务投入不足的矛盾将愈演愈烈,亟待从政策层面上出台措施对此矛盾加以化解。

三、基本公共文化服务人才需求与供给匮乏的矛盾

中国特色社会主义新时代背景下,人才资源已经成为增强我国国际竞争力的战略性资源。公共文化服务体系建设属于一项知识型、智力型事业[1],在深入推进基本公共文化服务均等化的过程中,优质的专业人才队伍扮演着重要角色。可以说,"人才"是基本公共文化服务中最活跃的生产要素,是保障公共文化服务体系建设的智力支撑,是提升基本公共文化服务效能的关键因素。

具体而言,在公共文化服务人才建设上,要配备一支结构合理、梯次分明、素质优良,囊括文化党政人才、文化专业技术人才、公共文化服务人才、高技能文化人才等在内的人才队伍,通过人才的优化组合,做到"岗得其人、人尽其才、人事相宜",从而推动公共文化服务体系的快速发展。[2]

从现实情况来看,公共文化服务的人才队伍的规模和数量建取得了一定的成绩,但仍然存在较大的公共文化人才缺口,导致人才需求与供给匮乏之间存在一些较为突出的矛盾。如对重庆万州区人社局的调研了解

[1] 侯林.如何保障贫困地区的公共文化服务建设不掉队[J].人民论坛,2019(16):140-141.
[2] 林凡军.山东省公共文化服务人才结构优化研究[J].山东社会科学,2014(11):153-158.

到,总量上而言,该区文化领域专业技术人才867人,其中高级职称188人,中级职称326人,初级职称353人,高层次人次占比不大,仅有21%。①需求上而言,该区反映在乡镇存在严重的人才欠缺问题,乡镇招人难,且存在乡镇文化干部混岗使用现象。虽然该区专门出台了引进文化人才队伍的"平湖英才"计划,在人才引进、福利待遇、培训交流上设立了多项优惠举措,但对优秀公共文化人才的吸引力仍然不够。

对于贫困地区而言,由于公共文化服务体系建设起点低,历史欠账多,存在基础设施薄弱、服务内容有待丰富、服务层次有待深化的问题,对人才资源的需求更大。但这类地区由于经济贫乏,难以对优秀公共文化服务人才形成吸引。即便是引入了相关人才,很多都被上级部门或是其他地区借调,只有少量的人才真正地留在贫困地区服务于基本公共文化建设。另外,贫困地区由于对基本公共文化的重视不够,相关专业人才也缺乏成长历练的渠道,难以实现自身的发展,使得不少公共文化人才转投其他岗位,出现了人才"在编不在岗""专干不专业"等情况。"有用人才难引进,拔尖人才难留住,本地人才难培养"的"三难"现象,导致在人才供给上出现了明显的人才资源匮乏的状况,严重制约了当地公共文化服务体系建设和公共文化服务均等化的实现。如对重庆贫困地区石柱县、丰都县抽查的县城、乡镇的公共文化机构的调研就发现②,县级及其以下的公共文化机构在人才资源方面存在着巨大的缺口,特别是乡镇一级的文化站缺乏专业的文化站管理人员,没有专业的公共文化管理人员对文化站进行专业管理,无法吸引更多的群众到文化站参与活动,也远远不能满足当前基层基本公共文化服务的开展。

---

① 2019年8月5—7日,课题组对万州的基层公共文化服务场所进行了实地调研,对相关部门、事业单位、乡镇(街)文化站、村(社区)综合文化活动中心等公共文化服务机构进行了座谈、走访。

② 2017年7月24—28日,课题组对重庆市石柱土家族自治县开展了调研,分别对县图书馆、文化馆及乡镇文化站和村文化服务中心的公共文化服务设施建设状况、公共文化服务场馆开放和运行状况、公共文化服务机构开展活动状况和群众公共文化生活需求状况、群众公共文化满意度五个方面的情况进行了明察暗访。

四、基本公共文化服务技术革新与应用推广的矛盾

21世纪以来,随着信息技术的迅猛发展,世界发生了翻天覆地的变化,人们的生产生活方式都出现了一定的变革。在社会领域,数字化、互联化、智慧化服务等技术的日新月异,为公共文化服务领域带来了前所未有的机遇,促进了互联网技术与公共文化的整合,带来了公共文化服务方式的转变与革新。

但就应用推广而言,基本公共文化服务技术革新也遇到了一些困境。主要表现为:信息技术发展过于迅速,基本公共文化服务技术革新呈现出一定的滞后性,与群众基本公共文化需求不太吻合。以农家书屋为例,该工程于2005年开始试点,两年之后在全国全面推开。经过十多年的发展,这一设施在为农民提供信息、传递知识方面发挥了重要作用。但随着移动终端和数字媒体的普及,电子书屋、电子阅览室应运而生。与农家书屋这一传统媒介相比,电子书屋、电子阅览室更为便捷,数据存储量更大,成为老百姓触手可及的一项公共文化产品。但是近年来,随着移动通信技术和智能手机的普及,人们获取知识的习惯逐渐从以文字为中心转变为以形象为中心,通过手机获得信息成为主流,通过PC端获取知识、信息的重要性大为降低。调研中也发现,当前电子阅览室等都或多或少地出现了"遇冷"现象,使用率普遍偏低,大量设施设备都蒙上了厚厚的灰尘。

对于贫困地区而言,信息技术的发展及普及相对落后,网络的应用才刚开始,这就导致了"全国一盘棋"的公共文化服务方式和手段创新与当地居民习惯出现了不相适应的问题,使其在应用推广上呈现出一定的困难。以电子阅览室为例,该项设施的配备没有考虑到居民的实际使用能力,而是按照全国统一标准执行。在贫困地区农村,大量青壮年劳动力外出务工,留村的基本都是留守老人、留守妇女和留守儿童。这部分群体文化水平有限,缺乏使用电脑的技术,在这方面的需求也不高,导致该项设施的实际使用率不高,造成了设备和资源的浪费。此外,受经济、技术条件的制约,整体上来看,贫困地区基本公共文化服务数字化建设还比较滞后,严重影响了当地基本公共文化服务内容更新、质量革新和方式创新,公共数字文化服务与群众文化需求也难以有效对接。

第二节　贫困地区基本公共文化服务均等化的趋势研判

　　党的十九大报告指出,要完善基本公共文化服务体系,深入实施文化惠民工程,丰富群众文化活动。坚持以习近平新时代中国特色社会主义思想为指引,立足我国社会发展新矛盾,顺应文化发展新趋势,构建现代基本公共文化服务体系,是满足人民群众基本精神文化需求和保障基本文化权益,体现中国特色社会主义文化发展道路的重要内容。对于统筹推进"五位一体"总体布局、协调推进"四个全面"战略布局、建设社会主义文化强国、实现"两个一百年"奋斗目标和中华民族伟大复兴中国梦具有重大而深远的意义。在此背景下,准确把握贫困地区基本公共文化服务的发展趋势和方向,有助于更好地把握其发展的规律性,从而寻求合理有效的对策措施。

一、居民的诉求明显、需求多元

　　改革开放之初,由于经济的落后,我国居民的诉求基本停留在解决吃饭问题。随着我国持续几十年的高速经济增长,生产力水平的不断提升,居民收入水平不断提高,物质生活极大丰富。与物质水平增长相伴而生的是居民的基本需求逐渐升级,对精神文化、休闲娱乐等发展型、享受型的消费需求有了期待,并呈现出强劲的增长态势。公共文化服务作为满足居民精神文化和休闲娱乐需求的重要内容,居民对此的需求也日益显现。以居民在文化方面的消费为例,改革开放之初,对文化娱乐设施的消费相对不足,到20世纪80年代中期,对彩电的消费则开始快速增加。近年来,随着中国特色社会主义进入新时代,社会思想观念开放包容、新技术新媒介广泛应用、精神文化产品生产方式优化调整,人们对特色鲜明的文化产品接受度提高,认可度提升,也更乐于在精神文化生活中张扬个性、表现自我、实现价值①，居民在此方面的需求呈现出多层次、多样化的特点，不仅限于单一的文化产品和内容，不仅仅停留在满足基本的文化需求，更多的倾向个性化、多层次的文化需求，在公共文化产品的质量上有了更高要求。

与居民公共文化需求的增长相伴的，是政府对公共文化产品供给的精准度还不够，有待进一步提升。实际上，从对象上来看，公共文化服务供给的对象是一个差异性的群体，基于不同的年龄、性别、受教育水平、区域以及城乡背景，都形成了不同的亚文化群体，不同的群体对公共文化服务体系的要求是有差异性的，呈现多元化的趋势。然而，当前以政府为主体的公共文化产品供给主体，在供给方式上，以自上而下的形式为主，没有充分考虑民众对公共文化服务需求的发展变化情况，对民众公共文化服务诉求的回应性也不够，使得公共文化产品服务展现出低效供给，甚至是无效供给的状况，造成了供需的错位和失衡，难以适应和满足人们的需求，使得居民的诉求更加明显和强烈。

在贫困地区，推进贫困地区公共文化服务体系建设，是全面建成小康社会的题中之意，也是满足贫困地区人民群众对美好生活期待的必然要求。一方面，贫困地区人民群众对公共文化产品的需求具有一定的共性特征，即随着生活水平的提升，其基本需求由生存型逐渐转变为发展型，对公共文化方面的需求显露。另一方面，贫困地区群众对公共文化服务的需求多元。如课题组调查显示，当前贫困地区居民的文化生活以广播电视为主。尽管如此，随着生活水平的提高和移动互联网普及，当计算机、智能手机、移动网络深入贫困地区百姓生活，贫困地区群众的信息获取数量、质量、渠道、方式都发生了深刻变化，越来越多的居民开始利用手机、互联网参与文化生活、享受文化服务，他们对文化产品和服务的诉求也不断提高、需求不断变化。因此，可以预见，在今后公共文化产品的供给上，政府应在充分回应民众诉求的基础上，更多地注重满足居民多元化文化需求。

---

① 王岩，秦志龙.满足人民美好精神文化生活新期待[J].红旗文稿，2018(18):25-27.

二、服务的落脚点是人民的获得感

获得感是习近平总书记于2015年2月27日在中央全面深化改革领导小组第十次会议上提出的概念。习近平指出，要"处理好改革'最先一千米'和'最后一千米'的关系，突破'中梗阻'，防止不作为，把改革方案的含金量充分展现出来，让人民群众有更多获得感"。在2016年中央全面深化改革领导小组第二十一次会议上，他进一步提出要"把是否促进经济社会发展、是否给人民群众带来实实在在的获得感，作为改革成效的评价标准"。之后在多次讲话、谈话、调研中，他都强调了"获得感"这一重要话语和理念。在党的十九大报告中，习近平总书记更是站在新时代的高度，再次强调："使人民获得感、幸福感、安全感更加充实、更有保障、更可持续"。

所谓获得感，从字面含义来讲，是指"获得"的主观感受，它是建立在"客观获得"基础之上的，对"客观获得"的主观感觉[①]。从内容上讲，获得感的来源涉及政治、经济、文化、环境等方方面面。当前，获得感已经成为习近平新时代中国特色社会主义思想的重要组成部分，是习近平总书记治国理政理念和实践的重要目标[②]，并逐渐从抽象的政府话语转向为人民群众日常生活的现实感受和未来期盼。

公共文化服务供给，作为保障和改善民生的重要举措，其本质是一种福利文化，有助于丰富群众的精神文化生活，保障和满足广大民众的基本文化权益和精神文化需求。促进基本公共文化服务均等化，有助于实现社会公平正义，让广大群众平等的分享改革的成果。因此可以说，公共文化服务建设是提高人民群众的获得感的重要源泉与渠道。

因此，当前和今后在基本公共文化服务体系均等化方面，其最终的落脚点在于使人民群众拥有获得感，不仅能从公共文化服务的使用、参与上拥有实实在在的获得感，还能够通过充分享受均等的公共文化服务拥有

---

① 丁元竹.让居民拥有获得感必须打通最后一公里——新时期社区治理创新的实践路径[J].国家治理,2016(02):18-23.
② 张卫伟.论人民"获得感"的生成:逻辑规制、现实困境与破解之道——学习习近平关于人民获得感的重要论述[J].社会主义研究,2018(06):8-15.

获得感。尤其是对于贫困地区而言,长期以来在基本公共文化服务体系建设方面较为落后,通过加快该地区的公共文化服务体系建设,在城市与农村、先发与后发地区、不同群体之间构建均等化的公共文化服务,能够让贫困群众从中受益,同时也能够通过构建公平的社会环境,起到维护社会公平正义的作用,使得广大群众不仅能够拥有看得见、摸得着的"实在获得感",又兼具"意义获得感"。

三、发展依靠政府购买、社会参与

在党的十八届三中全会上,习近平总书记明确提出要构建现代公共文化服务体系,要加大政府购买公共服务力度、推动公共文化服务社会化发展。2015年,中共中央办公厅、国务院办公厅出台的《关于加快构建现代公共文化服务体系的意见》中,确立了政府主导和社会参与的基本原则,并在探讨如何增强公共文化服务发展活力时,再一次提到要发展政府购买公共文化服务,鼓励和引导社会力量参与公共文化服务体系建设,促进公共文化服务提供主体和提供方式多元化。同年5月份,在《关于做好政府向社会力量购买公共文化服务工作的意见》中,进一步提出2020年的目标为"到2020年,在全国基本建立比较完善的政府向社会力量购买公共文化服务体系,形成与经济社会发展水平相适应、与人民群众精神文化和体育健身需求相符合的公共文化资源配置机制和供给机制,社会力量参与和提供公共文化服务的氛围更加浓厚,公共文化服务内容日益丰富,公共文化服务质量和效率显著提高",从顶层设计层面对公共文化服务体系建设中政府购买服务的方式做出了详细规划。

长期以来,政府作为公共文化服务体系建设的主导,在推进公共文化服务的发展、促进公共文化服务体系的均等化方面做出了卓有成效的功效。但值得注意的是,公共文化服务作为一项惠及全民的事业,仅仅依靠政府这单一的供给主体是远远不够的,难以满足人民群众的文化需求。另外,政府在公共文化服务供给的过程中,还存在因粗放投入导致的配置低效甚至无效等"政府失灵"的状况,还需要善用社会的力量。政府购买服务正是社会力量参与公共文化服务体系建设的重要实践,通过补齐公共文化服务的短板,推动服务供给主体的多元化,为实现人民群众的文化权益提供了有力保障。[1]同时,在当前服务型政府的治理模式下,政府购买服务模式的推行也有助于深化行政体制改革。[2]

近年来,在社会力量参与公共文化服务体系方面也开展了很多政策和实践探索,多个省市如无锡市、贵阳市、深圳市积极响应国家号召,相继出台了专门针对社会力量参与公共文化服务体系建设的地方性政策。在实践方面,广州"图书馆之城"建设中,充分发挥了社会力量的作用,在政府购买服务方面做出了很多探索,取得了突出效益。[3]其他地区,如南通市、宁波市、苏州市也积极探索政府购买服务的多样化的形式,取得了较好的经济与社会效益。但从整体上来看,由于社会力量参与公共文化服务体系建设的起步较晚,政府购买服务的方式目前仍然处于初步发展阶段。特别是在贫困地区农村,由于社会力量的不足,公共文化服务体系建设中政府购买服务方式的推行还不够。因此,随着贫困地区各项民生事业发展,当地民众的基本公共文化服务需求,如读书看报、运动养生、戏曲影视、讲座培训、文化参观等将迅猛发展,也将对传统的政府供给结构、方式、水平、质量等造成较大压力,吸纳社会力量投入公共文化领域,发挥其在公共文化服务体系建设中的独特作用,已成为公共文化服务体系建设发展的趋势之一。它的内在逻辑是政府应与文化市场、文化企业、相关社会组织和公众等主体之间协同合作,建立有效的合作机制以及可控的绩效管理体制,从而充分发挥各方优势,规避其缺陷,整合各方面的智慧和力量,实现贫困地区公众文化利益最大化。

---

① 李国新.完善农村公共文化服务政府购买政策与机制[J].行政管理改革,2019(05):24-26.

② 宋长善.政府购买公共文化服务主体间关系困境与改革路径[J].艺术百家,2018(04):71-75.

③ 彭秋平,唐琼.社会力量参与广州"图书馆之城"建设:模式、问题与经验[J].图书馆论坛,2019(05):79-87.

本章小结

　　加快贫困地区基本公共文化服务均等化进程,必须准确把握影响贫困地区基本公共文化服务均等化发展的基本矛盾,准确判识其未来发展趋势。中国特色社会主义进入新时代,随着生产力水平的提高,贫困地区居民既对物质生活提出更高要求,也对精神生活提出了更高要求。公共文化服务体系建设,作为丰富贫困地区群众文化生活、维护群众精神文化权益、满足群众美好生活新期待的重要措施,必将迎来新的发展机遇。但与此同时,也要注意到,由于贫困地区经济社会条件的制约,在构建公共文化服务体系建设和促进基本公共文化服务体系均等化方面,还面临重重困难,将受到经济发展理路与基本公共文化服务供给理念、地方财力吃紧与基本公共文化服务投入不足、基本公共文化服务人才需求与供给匮乏和基本公共文化服务技术革新与应用推广的矛盾的影响。为此,我们必须准确客观地把握贫困地区基本公共文化服务的发展趋势和方向,具体而言,体现为服务对象的诉求明显、需求多元;服务落脚点在于增强人民的获得感;服务方式是通过发展依靠政府购买服务方式来强化社会参与,以此来把握其发展的规律性,从而寻求合理有效的对策措施。

第七章

贫困地区基本公共文化服务均等化的对策建议

本章在深刻把握重庆、湖南、宁夏、黑龙江等省市区的贫困地区基本公共文化服务状况的基础上,基于贫困地区基本公共文化服务均等化的主要矛盾与趋势研判,提出了促进贫困地区基本公共文化服务均等化的对策建议。

第一节 鼓励多元参与:壮大基本公共文化服务供给主体

公共文化服务多元主体供给是指政府、市场、社会等多元主体共同参与、公正平等地协作供给公共文化服务的供给格局。这是顺应时代发展,高质量供给公共文化服务的必要要求。各类不同的主体,在实现贫困地区基本公共文化服务均等化的过程中,具有不同的定位。对于政府而言,它在其中居于主体地位。对于基层文化事业单位来说,要强化其独立性和公益性。对于市场主体来说,在明确界限的基础上,鼓励其有条件地参与基本公共文化服务。对于社会组织来说,要充分引导,发挥其公共文化服务功能。

一、明确政府的主导地位

2015年,中共中央办公厅、国务院办公厅出台的《关于加快构建现代公共文化服务体系的意见》中,明确提到公共文化服务体系建设的原则之一在于坚持政府主导。可见,在我国公共文化服务体系的建设中,政府是最重要的责任主体,公共文化服务的供给者主要是政府。究其原因,公共文化服务作为一项具有公益性质的文化福利,其目的主要在于维护人民群众的文化利益,满足人民群众的文化需求,它体现了社会的公平正义,作为公共利益代表者的政府是公共文化服务的当然责任主体①。再加之公共文化服务作为公共服务的重要组成部分,是政府的基本职能之一,政府在其中具有不可推卸的责任。另外,政府的主导也有助于应对"市场失灵"等现象的发生,避免造成基本公共文化服务和产品的短缺,人民群众的基本文化需求无法得到满足等情况的发生。然而,如前文所述,贫困地区地方政府在发展的过程中,工作重心往往放在经济与产业的发展上,希望以此来摘掉"贫困帽",对于基本公共文化服务的重视仍然不足,面临着经济发展与基本公共文化服务供给的突出矛盾。受此影响,贫困地区基本公共文化服务均等化的实现还面临不少困难。对此,当地政府一定要深化认识,高度重视基本公共文化服务在扶贫开发、经济发展以及满足群众基本精神文化需求上的作用,自觉担当起基本公共文化服务的供给主体,明确政府在其中的主导地位和作用。其次,贫困地区政府还要依照《国家基本公共文化服务指导标准》,以农村留守妇女儿童老人文化关爱服务、返乡农民工就业创业、乡土人才培养、文体活动广场建设、乡村振兴、乡村旅游等为重点,编制当地基本公共文化服务发展规划,明确基本公共文化服务均等化建设的基本要求、标准规范、责任目标、保障措施等制度安排,保障基本公共文化服务的"底线"。第三,从中央政府的层面来看,要进一步加大对贫困地区基本公共文化服务的财政投入。近年来,我国政府不断加大了在公共文化服务上的财政投入力度,但从每年的投入总量上看仍显不足。2016年,我国文化事业经费占财政总支出的比例为0.41%②。2018年,文化事业经费占比为0.42%③,仅有非常细微的增长。与发达国家相比,还有较大提升空间。另外,对于贫困地区来说,由于地方财力的孱弱,文化事业经费占比较低,对公共文化服务的投入不足,一定程度上桎梏了基本公共文化服务的供给,制约了基本公共文化服务均

---

①刘玉堂、李少多.论新乡贤在农村公共文化服务体系建设中的功能——基于农村公共文化服务供需现状[J].理论月刊,2019(04):125-131.

②中华人民共和国文化和旅游部.中华人民共和国文化部2016年文化发展统计公报[EB/OL].(2018-02-09)[2019-12-30].http://zwgk.mct.gov.cn/zfxxgkml/tjxx/202012/t20201204_906469.html

③中华人民共和国文化和旅游部.中华人民共和国文化部2010年文化发展统计公报[EB/OL].(2019-05-30)[2019-12-30].http://zwgk.mct.gov.cn/zfxxgkml/tjxx/202012/t20201204_906482.html

等化的实现。对此,中央政府要加大对公共文化的投入力度,在喜加资金投入总量的同时,更要加大对贫困地区的转移支付,"补齐短板",促进文化资源向后发地区以及贫困弱势群体倾斜,保障基本公共文化资源均衡配置,推动基本公共文化服务均等化发展。

二、提高基层文化事业单位的服务能力

县图书馆、县文化馆等基层文化事业单位是基本公共文化服务的主要载体,是我国公共文化服务体系的重要组成部分,在基本公共文化服务供给中扮演重要角色,发挥着重要作用。但对于贫困地区来说,基层文化事业单位却往往因为地方财力的薄弱,面临着基础设施建设规模小、设施简陋、布局不合理的困境,导致设施利用率低、服务针对性差,成了当地基本公共文化服务中的短板。从发展趋势来看,基层文化事业单位将长期担当基本公共文化服务供给的主要角色。对此,这些单位要在坚持其独立性和公益性原则的基础上,进一步提高基层文化事业单位的服务能力。一是要坚持基本公共文化服务均等化的原则,在现有资源基础上不断提升服务能力和水平,完善服务内容和效能,最大程度地实现和保障贫困地区群众的基本文化权益和精神文化需求,促进贫困地区群众和全国人民一道共享改革发展成果。其次,提高贫困地区图书馆、文化馆、文化站等基层文化事业单位公共文化设施免费开放补助标准,由现行的中央、地方分别按比例负担改为由中央财政全额负担,减轻贫困地区资金压力,推动基层文化事业单位服务能力的有效提升。[①]

三、鼓励市场主体有条件地参与基本公共文化服务

治理理论和我国的市场经济都强调市场在资源分配过程中的关键作用。对于基本公共文化服务均等化的实现来说,市场机制的引入有助于激发各方活力,提升基本公共文化服务的供给水平和供给效能,提高资金和资源的使用效率及服务的精准化程度。但要注意的是,由于公共文化

---

① 李晖.加大贫困地区公共文化服务体系建设[J].人民论坛,2016(09):56.

产品具有一定的公益性,这就决定了其具有不同于一般商品的属性,不能完全按照市场机制形成的价格以完全有偿的方式提供给民众,不能将公共文化产品供给完全交给市场去解决,而是要在坚持公平性优先的基础上,引入市场机制,发挥市场的优势。对于贫困地区来说,基本公共文化服务作为公共产品,存在着政府主导的特点,市场对资源配置的效力在贫困地区发挥得并不充分,导致贫困地区的基本公共文化服务和产品供给模式相对落后,同时也产生了基本公共文化产品供给数量不足和供给效率低下等问题[①],与发达地区的差距在持续扩大。因此,要适当地引入市场机制,发挥市场的资源配置效应,有助于为群众提供更为丰富的文化产品,满足群众文化需求。首先,贫困地区政府要划清界限,通过出台相关法规来明确市场参与的界限,规定哪些公共文化服务可以由市场力量介入,并对申请参与基本公共文化服务的企业或个人进行严格的资格审查,使基本公共文化服务产品能够保质保量。其次,要给予优惠政策,如通过税收减免等形式,鼓励有能力的市场主体积极参与基本公共文化服务的供给,针对贫困地区群众需求的普遍性与特殊性,提供多样化的基本公共文化产品和服务。

四、充分发挥社会组织的公共文化服务功能

长期以来,政府作为公共文化服务体系建设的主导,在推进公共文化服务的发展、促进公共文化服务体系的均等化方面做出了卓有成效的努力。但值得注意的是,公共文化服务作为一项惠及全民的事业,仅仅依靠政府这单一的供给主体是远远不够的,容易造成公共文化产品供给与需求的脱节,导致人民群众的文化需求难以得到满足,因此必须充分发挥社会组织的作用,形成一股社会力量参与公共文化服务的氛围,为人民群众提供多层次、多种类的公共文化服务产品。但目前,贫困地区由于政府在调动社会力量方面的行动力不够,社会力量参与基本公共文化服务仍然比较欠缺。对此,贫困地区政府要进一步厘清权责,明确社会力量在参与

---

① 侯林.如何保障贫困地区的公共文化服务建设不掉队[J].人民论坛,2019(16):140-141.

基本公共文化服务建设中的权利和义务,并通过项目补贴、定向资助、政府购买、贷款贴息、发行债券等多种方式,构建社会参与基本公共文化服务建设的机制。另外,还要加大对当地文化类社会组织的培育力度,运用政府与社会资本合作、公益创投等多种模式,支持社会组织为贫困地区各类群众提供多样化、差异化的公共文化设施、产品和服务。

第二节　优化资源配置:提高基本公共文化服务供给效率

自《"十三五"时期贫困地区公共文化服务体系建设规划纲要》发布以来,贫困地区公共文化服务供给能力得到很大提升,为向群众提供丰富多彩的公共文化活动与产品做出了巨大贡献。但与此同时,公共文化服务效能不高的问题仍然普遍存在,并成为基本公共文化服务均等化实现过程中亟待解决的问题。要通过完善基本公共文化服务保障内容和提高配置标准、推广政府和社会资本合作以发挥二者比较优势,鼓励人才资源合理流动发挥人才效应,改进乡镇基本公共文化服务投入机制,从机制体制、人、财、物等方面综合发力,以此来实现资源的优化配置和服务效益的最大化。

一、完善基本公共文化服务保障内容和配置标准

从概念上来说,基本公共文化服务保障内容是指以满足公民基本文化需求为主要目的而提供的公共文化设施、文化产品、文化活动以及其他相关服务,而配置标准则是公共文化服务设施及布局基本标准、产品和资源配置基本标准、人员配备和经费投入基本标准等。从政策谱系上来看,

在《国家基本公共服务体系"十二五"规划》中,对公共文化场馆和公益性流动文化服务等基本公共文化服务提出了具体标准。2015年出台的《国家基本公共文化服务指导标准(2015—2020年)》,则进一步从国家层面对基本公共文化服务标准做出了明确规定。就当前而言,完善基本公共文化服务保障内容,实现基本公共文化服务标准化,最繁重最艰巨的任务在贫困地区。这一地区由于经济发展水平的落后,在推进基本公共文化服务的过程中还存在一些短板,一些特殊群体的基本公共文化服务还存在薄弱环节,标准化水平还有待提升。对此,贫困地区要结合地方文化特色、地域特色,加快出台基本公共文化服务的地方标准,并将配置标准进一步细化,形成符合地方特性的基本公共文化保障内容、服务项目、内容和形式。此外,在基本公共文化服务保障内容和配置标准的制定上,还要充分考虑到区域内的人群特点,将老年人、未成年人、残疾人、农民工、农村留守妇女儿童、生活困难群众作为基本公共文化服务的重点对象,多方面保障这些特殊群体的基本文化权益。

二、推广政府和社会资本合作

随着经济社会的发展,人民群众对美好生活的追求不断高涨,这对基本公共文化服务提出了更多更高的需求。贫困地区由于地方政府财力的羸弱,在政府主导基本公共文化服务供给上,存在很大的资金压力。通过政府和社会资本的合作,能够有效地减轻政府的财政压力,弥补文化建设中政府投入的不足。此外,还有助于把政府部门集中力量"办大事、办好事"的组织优势与社会资本科学、高效、灵活的优势相结合,为贫困地区群众提供充足的基本公共文化产品和服务,实现社会效益和经济效益相统一。在具体的实践过程中,贫困地区政府要完善配套政策保障措施,通过各种手段引进、激励社会资本参与到基本公共文化服务合作中来,为合作落地提供全方位的支持。第二,在合作项目的选择上,要以当地群众的需求为导向,以实现贫困地区基本公共文化服务的均等化为基本追求。第三,在合作实践过程中,贫困地区政府要与社会资本同坐一条板凳,打破

"玻璃门""弹簧门",真正发挥社会资本在基本公共文化服务供给中的作用,实现优势互补,合力为群众提供均等化的基本公共文化服务。

三、鼓励人才资源合理流动

在人类社会发展进程中,人才是社会文明进步、人民富裕幸福、国家繁荣昌盛的重要推动力量,人才是我国经济社会发展的第一资源。公共文化服务体系建设的基本任务和目标是满足人民群众的文化生活需求,保障人民群众的基本文化权益,体现公共文化服务的公益性、基本性、均等性、便利性。实现这一基本任务和追求目标,不仅需要建设完备的文化基础设施,更需要一支良好的文化人才队伍。在贫困地区,由于地理位置偏远,不仅缺乏优秀的文化专业人才,也难以吸引文化能人留在本地,业余群众文体队伍也不够壮大,部分优秀的民间文化和特色技艺面临无人继承的困境,人才匮乏、人才流失等问题成为制约当地基本公共文化服务均等化实现的因素之一。对此,首先,要积极采用定向援助、对口支援和对口帮扶等多种形式,鼓励先发地区公共文化服务机构选派一部分优秀文化工作者、专业素质高的文化人才及志愿服务者到贫困地区进行交流。同时,贫困地区也要适时选派具有发展潜力的文化人才到先发地区进行参观学习,了解先发地区在实现基本公共文化服务中的优秀经验,实现人才队伍在区域间的合理流动。其次,贫困地区要完善公共文化领域党政人才和专业技术人才交流和"上派下挂"制度,打破人才在单位、部门和所有制之间的限制,拓宽人才来源,进一步充实贫困地区基层公共文化服务人才队伍。再者,贫困地区政府要通过返还学费、给予正式编制等优惠政策,吸引文化类大学毕业生回乡工作。并通过给予编制、提高薪酬待遇和补助标准等措施,吸引高水平的文化人才回乡发展。

四、改进乡镇基本公共文化服务投入机制

乡镇政府是我国最基层的政权机关和最基础的独立行政单元,也是国家法律法规政策落到"最后一千米"的重要执行者。在新时代背景下,

为了明确乡镇政府的公共服务职责,2017年,中共中央办公厅和国务院办公厅发布了《关于加强乡镇政府服务能力建设的意见》。在该意见中,明确提出乡镇政府在基本公共文化服务方面的职能包括践行社会主义核心价值观,继承和弘扬中华优秀传统文化,加强对古村落、古树名木和历史文化村镇的保护和发展,健全公共文化设施网络,推动全民阅读、数字广播电视户户通、文化信息资源共享,组织开展群众文体活动等。但对贫困地区乡镇政府来说,受地方财力的制约,对基本公共文化的投入严重不足,影响了其公共文化服务效能的提升。对此,要进一步改进贫困地区乡镇基本公共文化的投入机制,可通过引导社会资本投入乡镇基本公共文化领域,或通过乡镇政府之间基本公共文化服务的合作,实现基本公共文化服务的共建共享。此外,贫困地区乡镇级政府在公共文化服务的投入上,要以项目为抓手,充分争取上级政府的资金支持。最后,贫困地区县级政府对乡镇基本公共文化服务资金的投入上,要根据乡镇规模大小、服务半径和服务人口的多少、事务多寡,"均等但有差别"地给予资金投入。

第三节　强化服务保障:提升基本公共文化 服务供给质量

公共文化服务质量的高低是检验公共文化服务水平的重要指标。长期以来,贫困地区在重经济发展、轻文化建设的思路下,基本公共文化建设中存在供给质量不高的问题,突出地表现为基本公共文化服务可及性不够、特殊群体的公共文化需求被忽视、参与性不足等。对此,要通过增强贫困地区基本公共文化服务设施的可及性、注重差异性的文化需求、激励特殊群体主动参与公共文化活动等方式,切实揭升公共文化供给质量,实现基本公共文化服务的普惠性和均等化。

一、增强公共文化服务的可及性

实践证明,影响公共文化服务质量的一个重要因素在于公共文化服务设施的可及性。如果一些公共文化设施修建地点距离民众太远,民众使用不方便,这往往背离了公益的初衷。因此,在公共文化服务产品的供给上,要进一步推动公共文化服务体系建设的中心、资源和服务下移和向基层转移。对于贫困地区来说,其区位特点表现为地理位置偏远,地形条件复杂,受此限制,居民居住往往较为分散,导致基本公共文化服务的可及性还有待增强。对此,贫困地区要进一步推动基本公共文化服务进社区、进超市,让公共文化主动贴近群众,方便群众在村社享受到一站式的文化服务,破解基本公共服务的"最后一千米"难题。二是在公共文化服务体系建设上,要创新形式与模式,如探索性的推动基本公共文化服务与民众日常生产生活相结合,充分发挥公共文化设施的效能。

二、正视并重视特殊群体的差异化需求

在政府主导的公共文化服务体系建设过程中,以"自上而下"的供给方式为主,这就导致了一个很大的弊端,忽略公共文化服务对象的差异性需求,导致了公共文化资源利用率的低下和民众满意度的低下。实际上,公共文化服务供给的服务对象是一个差异性的群体,基于不同的年龄、性别、受教育水平、区域以及城乡背景,形成了不同的亚文化群体,不同的群体对公共文化服务体系的需求是不同的,呈现多元化的趋势。特别是对于贫困地区的群众而言,由于大量青壮年劳动力外出务工,留村的基本都是留守老人、留守妇女和留守儿童,他们在公共文化方面的需求具有一定的特殊性。因此,在促进贫困地区基本公共文化服务均等化的过程中,要建立针对特殊群体的公共文化服务需求调查机制和反馈渠道,避免"一刀切"的服务供给方式。增加根据服务对象的特殊性,进行"定制式"产品与服务内容的规划设计、开发公共文化产品、设置服务内容、增添服务设施,回应民众的需求,如为留守儿童提供阅读辅导、为返乡农民工提供文化讲座、电脑和上网培训,为残疾人设置盲道、轮椅走道等基础设施,让各类群

体在公共文化服务的享用上产生获得感。

三、激励特殊群体主动参与公共文化活动

公共文化服务是国家文化治理模式转变过程中政府着力实施的一项重要举措。在公共文化服务体系的建设过程中,居民的参与具有非常重要的作用。广泛的参与,不仅有助于满足民众的文化权益,还能够通过"以文化人",使民众更好地获得文化的教化,将其培养成富有公共精神和集体意识的现代公民,为构建社会的公共价值奠定基础[①]。特别是对于贫困地区的特殊群体而言,他们的积极参与是实现基本公共文化服务均等化的内在要求,有助于维护社会的公平正义。然而,与其他群体相比,贫困地区的老年人、未成年人、留守妇女、农民工和残疾人等特殊群体在基本公共文化服务中却呈现出参与认知缺乏、参与态度冷漠等"参与难""弱参与"现象。为此,贫困地区政府要注重这一特殊群体的需求,针对他们在基本公共文化服务建设中的需求进行摸底调查,在充分考虑他们需求的基础上构建相应的文化设施、提供文化产品,让他们有尊严地享受到更加完善的公共文化服务,以此来提高他们的主动性和积极性,变"参与难"与"弱参与"为"强参与"。

第四节　实施动态调整:完善基本
公共文化服务供给标准

在公共文化服务体系的建设中,基本公共文化服务供给标准不是一成不变的。经济社会在不断发展,形势也往往瞬息万变,公众对公共文化

---

①颜玉凡.公共文化服务参与主体的行为特征及优化发展[J].中州学刊,2019(01):81-86.

的需求也在不断更新,对此,要科学制定基本公共文化服务发展规划,并根据时代的变化,不断予以调整更新。在人才队伍上,也要建立动态标准机制,允许对人才队伍的标准进行适当的调整。

一、科学编制基本公共文化服务发展规划

科学的公共文化服务发展规划具有战略导向作用,能够为公共文化建设提供指引。当前,一些省区市或地区为了推动公共文化服务体系的建设,促进公共文化服务体系均等化的实现,出台了公共文化服务体系发展规划,在规划中明确了公共文化服务发展的总体目标、重点任务、服务标准和保障要求,为构建现代公共文化服务体系提供了政策保障。但整体上而言,贫困地区在公共文化服务发展规划上,还处于落后位置。对此,要进一步加快这类地区公共文化服务规划编制进程。具体来说,在规划的编制上,要与贫困地区经济社会发展规划相结合,实现不同规划之间的有序衔接。此外,在编制过程中,还要与当地相关政府部门,如农业农村委、文旅委、发改委、人社局等党政部门和文化馆、博物馆、图书馆等事业单位对接,在广泛听取意见的基础上,科学编制贫困地区公共文化服务发展规划。最后,在公共文化发展空间的布局上,要以服务半径、服务人口数量为基本依据,统筹贫困地区基础教育、医疗卫生、文化体育、社会福利、社会保障等基本公共服务设施空间布局,优化贫困地区公共文化服务设施布局。

二、建立标准和规划动态调整机制

2015年年初,以公民基本文化需求和经济社会发展水平为参考依据,我国首次发布了《国家基本公共文化服务指导标准(2015—2020年)》,明确了在五年内公共文化服务的项目、内容和标准,为我国基本公共文化服务提供了规范化指导。然而,我国国土疆域广大,各地区经济社会发展状况存在很大差异,特别是对于贫困地区而言,其基本公共文化服务水平与先发地区有很大的差距。另外,由于当地人口构成的特殊性,还

需要考虑其各类群体的特殊需求。因此,这类地区基本公共文化服务标准的设立,还需要给予一定的灵活空间,使其能够结合地方实际进行动态调整。具体来说,要在参考国家标准的基础上,结合基本公共文化服务规划、政府财力供给、社会发展水平和群众需求,适时调整基本公共文化服务保障范围、保障标准,确保相关标准和规划与地区经济社会发展阶段相协调,与当地人民群众精神文化需求相适应。

三、建立人才队伍动态调整机制

人才作为现代经济与社会发展的重要资源,是基本公共文化服务中最活跃的生产要素,是保障公共文化服务体系建设的智力支撑,是提升基本公共文化服务效能的关键因素。但是就现实情况而言,仍然存在巨大的公共文化人才缺口,导致人才需求与供给之间存在一些较为突出的矛盾。特别是贫困地区,由于公共文化服务体系建设起点低、历史欠账多、存在基础设施薄弱、服务内容有待丰富、服务层次有待深化的问题,对人才资源的需求更大。但在人才供给上,却存在更为明显的人才资源匮乏的问题,公共文化服务体系中人才编制缺乏,贫困地区村社没有配备专职公共文化服务人才,镇级相关专职人员被随意安排,"混岗"现象普遍,严重制约了当地公共文化服务体系建设和基本公共文化服务均等化的实现。对此,贫困地区政府要按照控制总量、盘活存量、优化结构、有减有增的要求,研究制定县、乡镇、村社三级公共文化机构人员编制标准,并根据业务发展状况进行动态调整。对实行免费开放后工作量大量增加、现有机构编制难以满足工作需要的公益性文化事业单位,如县图书馆、县文化馆、县博物馆等,要结合实际合理增加机构编制。

第五节 构筑供需对接：
改善基本公共文化服务供给结构

基本公共文化服务供需错配是制约公共文化服务供给的一大问题。如何构筑供需对接的渠道，改善基本公共文化服务供给结构成为目前提升公共文化供给质量、推动公共文化服务均等化的重大课题。特别是在贫困地区，由于基本公共文化服务往往按照"全国一盘棋"的模式予以布局，导致这一地区群众需求的特殊性长期被忽视。对此，贫困地区要充分发挥基层文化站在收集基层群众文化需求信息方面的作用。还要成立专门的信息反馈机构，明确反馈信息的处理结果来促进信息在贫困地区的互联互通。对于贫困地区群众来说，要充分参与到基本公共文化中来，在参与中对文化需求进行反馈。最后，还要依托现代信息技术手段，通过多样化的方式拓宽反馈渠道。

一、充分发挥基层文化站在信息反馈中的作用

基层文化站是为基层群众提供文化服务，开展公益性文化活动的重要载体，是党和政府联系群众，活跃群众生活的重要阵地和纽带。基层文化站贴近人民群众，贴近实际，贴近生活，在基层公共文化服务体系的建设中，基层文化站具有非常关键的作用。长期以来，在自上而下的基本公共文化服务下，贫困地区基层群众对公共文化的需求得不到有效表达，导致公共文化服务供需错位、效能不高。为此，要以贫困地区基层文化站为载体，发挥其贴近群众的优势，分门别类地对当地留守老人、留守儿童、留守妇女、返乡农民工、残疾人等群体的文化需求、服务预期等进行摸底大调查，为当地群众表达需求建立平台，通过对群众信息收集，将群众的需求转化为基本公共文化服务建设的目标，提供群众真正需要的公共文化产品和服务，保障服务供给的精准性，促进基本公共文化服务均等化的实现。

二、成立专门的信息反馈机构，辅助基层文化站建设

贫困地区基层文化站在对群众需求进行摸底大调查之外，还要进一步上升至体制机制的层面，使这种反馈成为一种常态化的运作，这样不仅有利于满足公众基本文化需求和保障公众基本文化权益，还有助于提高贫困地区政府文化治理的能力。对于贫困地区基层文化站来说，由于居民居住较为分散，其管理的地域范围较广，反映问题、解决问题的速度和方法都会受到限制，容易造成反馈信息的积压，这势必会影响到基本公共文化需求反馈机制的畅通运行。对此，要在编制上给予贫困地区一定的倾斜，使其成立专门的反馈机构，针对反馈的专题信息，组成专家团对基本公共文化需求进行定期的评价和反馈，及时、有效地化解贫困地区基本公共文化服务供需矛盾。

三、建立反馈信息的处理原则

对公众的大量反馈信息进行科学筛选、分析和呈现，是反馈机制中的重要环节。对贫困地区群众信息的反馈处理上，要坚持及时性、公平性原则，促进反馈机制的良性运转。具体而言，时效性原则是指对群众反映的基本公共文化的需求，贫困地区信息反馈机构要及时有效地进行处理和回应。公平性原则是指贫困地区信息反馈机构在面临不同群体的需求时，要坚持公平性原则，不能为了满足某一群体的需求做出损害其他群体利益的行为，要保证不同群体之间基本公共文化服务供给机会的均等性。

四、拓宽反馈途径，为公众需求的反馈提供便捷

21世纪以来，随着信息技术的迅猛发展，世界发生了翻天覆地的变化，人们的生产生活方式都出现了一定的变革。在社会领域，数字化、互联化、智慧化服务等技术的日新月异，这为基本公共文化服务的均等化带来了前所未有的机遇。对于贫困地区来说，在对群众基本公共文化需求

进行反馈的过程中,除了利用传统的渠道外,还要加大对现代信息技术的利用,进一步拓展基本公共文化需求信息的反馈途径,如通过数字文化网站、官方微信公众号、微博等数字化服务平台,搭建公众需求表达的通道,最大限度地实现公共文化需求反馈渠道的畅通无阻,为贫困地区基本公共文化服务供给和需求之间的匹配创造条件。

第六节　探索区域联合: 建立贫困地区基本公共文化服务联盟

围绕贫困地区与先发地区之间基本公共文化服务建设不平衡、不充分的现实,可探索跨区域,建立贫困地区基本公共文化服务的联盟,通过区域间基本公共文化服务的共享共建,实现基本公共文化服务的均衡、充分发展,提高贫困地区基本公共文化服务效能,推动基本公共文化服务均等化的实现。

一、统一制订方案

在推进现代公共文化服务体系建设上,贫困地区基本公共文化服务联盟要充分发挥其统领作用,统一制定基本公共文化服务发展方案。首先,联盟要通过定期会晤、多边协商等方式,出台统一的贫困地区基本公共文化服务的实施方案,并明确具体的工作措施,形成可操作、可检查、可评估的工作计划、时间表和路线图。其次,联盟要基于国家基本公共文化服务指导标准,结合贫困地区基本公共文化服务和资源的缺口,按照精准扶贫的要求,以广播电视服务网络、数字文化服务、乡土人才培养、流动文化服务、农村留守妇女儿童文化帮扶等为重点,在区域范围内集中开设一批文化扶贫项目。第三,在基本公共文化服务目录的建立上,贫困地区联盟要基于各贫困地区公共文化服务目录,协同制订并公布本区域内的公共文化服务目录。

二、资源整合统一开发

在基本公共文化产品的开发上,贫困地区联盟可通过资源的整合,将区域内优秀的文化资源聚集,实现公共文化资源的共建共享。首先,在基本公共文化信息资源上,贫困地区联盟可协同区域内文化信息资源,如数字图书馆和博物馆等,构建区域内标准统一、互联互通的公共数字文化服务网络,联合开发特色数字文化产品。另外,在基本公共文化服务硬件,如图书馆、文化馆等基础设施方面,贫困地区联盟可横向整合不同地域的同级场馆,共建共享,纵向场馆实行总分馆制,实现公共文化机构互联互通。

三、协同开展公共文化活动

在基础框架搭建之后,贫困地区公共文化服务联盟需要进一步在群众文化生活中构建协同机制,以此来提升公共文化效能,增强公共文化服务发展动力。具体而言,在活跃群众文化生活基础上,贫困地区联盟要常态化推进具有普遍性的基本公共文化服务活动,如书报阅读、影视观赏、戏曲表演、普法教育、艺术普及、科学普及、展览展示、广播播送、互联网上网、设施开放和节庆活动等。此外,还有定期协同开展本区域内具有特色的基本公共文化服务活动,促进区域内不同地区群众文化交流交融,共同打造具有区域特色的文化品牌项目。

本章小结

促进贫困地区基本公共文化服务均等化的实现,必须从以下六个方面入手:一是要壮大基本公共文化服务供给主体,即要进一步明确政府的主体地位;强化基层文化事业单位的独立性和公益性,提高基层文化事业单位的服务能力;在明确界限的基础上,鼓励有条件的市场主体参与基本公共文化服务;加强对社会组织的引导,充分发挥其公共文化服务功能;二是要通过优化资源配置,提高基本公共服务供给效率,即要完善贫困地区基本公共文化服务的保障内容和配置标准,推广政府和社会资本合作,鼓励人才资源合理流动,改进乡镇基本公共文化服务投入机制;三是要强化服务保障,提升基本公共文化服务供给质量,即要增强公共文化服务的可及性,正视并重视贫困地区特殊群体的差异化需求,促进供需匹配,鼓励特殊群体主动参与公共文化活动;四是要科学编制基本公共文化服务发展规划,建立标准和规划动态调整机制、人才队伍动态调整机制,完善基本公共文化服务供给标准;五是要构筑供需对接,改善基本公共文化服务供给结构,即要充分发挥基层文化站在信息反馈中的作用,并成立专门的信息反馈机构,辅助基层文化站建设,建立反馈信息的处理原则,拓宽反馈途径,为公众需求反馈提供便捷;六是要探索区域联合,建立贫困地区基本公共文化服务联盟,联盟之间要统一制订方案,整合资源,统一开发,并协同开展公共文化活动。

第八章

研究结论与研究
展望

公共文化服务体系作为面向大众的公益性的文化服务体系,具备服务性、公益性和全覆盖性三个基本特征,是党中央在文化工作上的一项基本政策,立足于满足社会各个阶层的文化需求。基本公共文化服务均等化是党和国家关于公共文化服务体系建设的基本要求,实现基本公共文化服务均等化的一个难点在于如何实现贫困地区的基本公共文化服务均等化。贫困地区由于经济社会发展水平的落后,在基本公共文化建设上起点低、基础设施薄弱、投入相对不足,与发达地区的差距在不断扩大之中。基于此,本研究以公平正义理论、公共产品理论、新公共管理理论和财政分权理论为基础,以贫困地区为研究对象,利用文献研究、调查研究、实地研究等方法,沿着理论研究—实证研究—政策研究的进路,系统地分析和探讨了贫困地区基本公共文化服务均等化问题,继而提出了相关对策建议。本章将对研究的主要结论做出简要的总结,进而提出本研究的展望。

第一节　研究结论

本研究坚持问题导向,始终围绕如何实现我国贫困地区基本公共文化服务均等化这一核心问题,运用文献研究、调查研究、实地研究等方法开展研究,最终得出以下结论:

第一,从概念上来说,基本公共文化服务均等化是指全体公民都能公平可及地获得大致均等的基本公共文化服务。基本公共文化服务作为公共服务体系建设的主要内容之一,实现基本公共文化服务均等化是指全体公民都能公平可及地获得大致均等的基本公共文化服务。均等化的本质不在于平均化和无差异化的结果平等,而是一种机会上的均等。

第二,从政策谱系上来说,自党的十八大以来,贫困地区基本公共文化服务均等化相关政策演进具有以下三个方面的特点：政策目标实现了从充足性向公平性的转变；政策理念逐渐向公益性价值回归；政策制定与执行上始终坚持"以人民为中心"的思想。

第三，从发展现状上来说，我国基本公共文化服务发展有失均衡，基本公共文化的投入、产出和效率呈现出"东高西低"格局，中西部贫困地区基本公共文化服务效能要远远落后于东部发达地区，贫困地区群众对基本公共文化服务的总体满意度不高。整体来说，贫困地区基本公共文化服务均等化的实现还面临资源欠整合、管理失规范、供给缺精准等问题。

第四，从发展趋势上来说，新时代贫困地区基本公共文化服务均等化的实现，将面临四个方面的矛盾，即经济发展理路与基本公共文化服务供给理念的矛盾、地方财力吃紧与公共文化服务投入不足的矛盾、公共文化服务人才需求与供给的矛盾和公共文化服务技术革新与应用推广的矛盾。与此同时，贫困地区基本公共文化服务的发展也出现了一些新的变化，体现为：服务对象的诉求明显、需求多元；服务落脚点在于增强人民的获得感；服务方式在于通过发展政府购买来强化社会参与。

第五，从政策建议上来说，促进贫困地区基本公共文化服务均等化的实现，还要从以下六个方面入手：鼓励多元参与，壮大基本公共文化服务供给主体；优化资源配置，提高基本公共文化服务供给效率；强化服务保障，提升基本公共文化服务供给质量；实施动态调整，完善基本公共文化服务供给标准；构筑供需对接，改善基本公共文化服务供给结构；探索区域联合，建立贫困地区基本公共文化服务联盟。

第二节　研究展望

本研究基于"理论研究—实证研究—政策研究"的研究范式,系统地探讨了贫困地区基本公共文化服务均等化相关问题,并提出了相应的对策建议。但由于能力所限,难以面面俱到,未来将从以下几方面进一步完善:

第一,加强对贫困地区基本公共文化服务均等化评估指标体系的研究。本研究构建的基本公共文化服务均等化评估指标,是在参考一般区域的基础上所构建,缺乏对贫困地区特性的考量。因此,在今后的研究中,还有待结合贫困地区群众物质精神文化生活特点、需求和当地经济社会发展实际,开发信效度较高的评估指标体系,以此来客观准确地剖析贫困地区基本公共文化服务均等化问题找准其存在的劣势与短板,明确与发达地区的差距所在,以更好地提供决策咨政建议。

第二,加强贫困地区基本公共文化服务均等化的案例研究。在本研究中,考虑到各贫困地区资源禀赋、历史文化传统的不同,在黑龙江、宁夏、湖南和重庆各选择了两个贫困区县作为研究对象,但整体上仍然是聚焦于各贫困地区在基本公共文化服务均等化方面的共性特征,对具有差异化、个性化的差异性特点仍然挖掘不够。因此,今后此方面的研究应该强化差异性和典型性研究,分类探讨各贫困地区适宜的基本公共文化服务均等化建设路径、实践经验与发展模式,以此更好地推进多元化的贫困地区基本公共文化服务均等化实现。

第三,在本研究中,研究对象聚焦于绝对贫困发生率较高的贫困地区。然而,随着2020年全面建成小康社会的实现,我国绝对贫困有望被终结。在党的十九届四中全会中,首次提出了要着力解决相对贫困。随着贫困概念的变化,贫困地区的概念也将随之发生改变。因此,在今后的研究中,还有待根据国家政策话语的转变,进一步转变研究对象,对新时代背景下基本公共文化服务均等化进行探讨。

附录1　贫困地区公共文化服务调查问卷

先生/女士：

您好！我们是西南大学公共文化研究中心课题组,我们正在进行一项关于基本公共文化服务的社会调查,目的是了解当前我国贫困地区基本公共文化建设情况,更好地推进公共文化服务体系建设,提高公共文化服务效能,促进贫困地区基本公共文化服务均等化,特请您在此发表有关意见。您怎么想的,就怎么回答,答案无所谓对错。回答问题时,请不要与他人商量。对于您的回答,我们将按照《中华人民共和国统计法》的规定,严格保密,并且只用于统计分析,请您不要有任何顾虑。占用了您的宝贵时间,谢谢您的合作。

西南大学公共文化研究课题组

2017年7月

调查内容

1.村居基本情况

2.受访者个人基本情况

3.公共文化服务网络建设情况

4.公共文化服务活动开展情况

5.居民服务需求及满意度情况

问卷编号：_____　调查地名称：_____县_____村/居

1.村居基本情况

A1.请访员记录现在所在的是居委会还是村委会：_____

1.居委会　　2.村委会

A2.您村(居)是否有以下基础设施:_____【可多选】

1.通电　　　2.通邮　　　3.通有线电话　　　4.有手机信号

5.通网络　　6.通公路　　7.通公交车　　　8.以上都没有

A3.您所在的村(居)委会距最近的集镇有多远_____里

A4.您所在的村(居)委会距本县城有多远_____里

A5.从您村(居)委会到本县城要花多少时间_____小时

A6.大多数村(居)民出行采用的日常交通方式是:_____【可多选】

1.步行　2.骑自行车　3.骑摩托车　4.乘坐公交车　5.其他

A7.您村(居)是否属于矿产资源区_____

1.否　　　2.是

A8.近三年您村(居)是否遭受过以下自然灾害_____【可多选】

1.旱灾　　　2.洪涝　　　3.森林火灾　　　4.冻害、雹灾

5.台风　　　6.山体滑坡　7.农林病虫害　　8.地震

9.传染病　　10.其他　　　11.以上都没有

A9.您村(居)陆地类型属于:_____

1.山地　　　2.高原　　　3.平原　　　4.丘陵

5.盆地　　　6.草原　　　7.渔村　　　8.其他

2.受访者个人基本情况

B1.您的性别:_____

1.男　　　　2.女

B2.您的年龄:_____岁

B3.您的户口状况:_____

1.农业户口　　2.非农户口

B4.您的婚姻状况:_____

1.未婚　　　2.已婚　　　3.丧偶　　　4.离异

B5.您的政治面貌:_____

1.中国共产党员　2.民主党派成员　3.共青团员

4.无党派人士　　5.群众

B6.您的民族:_____

1.汉族　2.少数民族【请注明＿＿＿＿族】

B7.您目前的学历:＿＿＿＿

1.小学及以下　　2.初中　　　3.高中及中专

4.大学(专)本科　5.硕士研究生及以上

B8.您是否属于以下群体中的一类或几类:＿＿＿＿【可多选】

1.老年人　　2.中小学生　　3.留守儿童　　　4.留守妇女

5.农民工　　6.残疾人　　7.扶贫(低保)对象　　8.以上均不是

B9.包括您在内,您的家庭成员共＿＿＿＿人

B10.去年您个人年收入是＿＿＿＿元,家庭总收入是＿＿＿＿元

B11.去年您全家收入主要来源是＿＿＿＿【至多选2项】

1.工资收入　　　2.农业经营收入　　　3.政府扶贫、低保等收入

4.资产(股票、房屋等)的红利和租金等　　5.其他

B12.您平时主要进行哪些文化娱乐活动＿＿＿＿【至多选3项】

1.读书看报　　2.看电视　3.听广播　4.看电影、看戏

5.上网、玩手机　6.聊天串门　7.下棋打牌　8.健身、跳广场舞

9.逛公园、逛庙会　10.其他

B13.您日常生活使用互联网的频率是＿＿＿＿

1.非常低　2.比较低　3.不好说　4.比较高　5.非常高

B14.您使用互联网主要目的是＿＿＿＿【可多选】

1.学习　　2.社交　　3.娱乐(看视频、听音乐等)

4.购物　　5.经营活动　　6.其他【请注明＿＿＿＿】

3.公共文化服务网络建设情况

C1.请根据您对实际情况的了解,认真填写下表

文化设施	0=无;1=有;2=不知道	数量/个
C1-1县级公共图书馆		
C1-2县级公共文化馆(宫)		
C1-3县级博物馆		
C1-4县级美术馆		

续表

文化设施	0=无；1=有；2=不知道	数量/个
C1-5 县级广播电视播出机构		
C1-6 县级广播电视发射（监测）台		
C1-7 县级电影院		
C1-8 县级公共体育场		
C1-9 县级公共文化广场、公园		
C1-10 县级老年活动中心		
C1-11 县级儿童游乐场（少年宫）		
C1-12 县级流动文化车		

C1-13 您经常使用以上哪些设施_____您最希望政府修建哪些文化设施_____【至多选3项】

C1-14 影响您使用以上设施的主要原因是_____【至多选3项】

1.不知道有设施　　　2.不会用　　　　3.人多报不上名

4.内容不感兴趣　　　5.交通不便　　　6.花费较高

7.时间不合适　　　　8.设施经常不开放　9.其他

C2. 请根据您对实际情况的了解，认真填写下表

文化设施	0=无；1=有；2=不知道	数量/个
C2-1 乡镇文化站		
C2-2 乡镇公共体育场		
C2-3 乡镇公共文化广场、公园		
C2-4 乡镇电影放映场所		
C2-5 乡镇电影放映队		
C2-6 乡镇老年活动中心		
C2-7 乡镇儿童游乐园（少年宫）		

C2-9 您经常使用以上哪些设施_____您最希望政府修建哪些文化设施_____【至多选3项】

C2-10 影响您使用以上设施的主要原因是_____【至多选3项】

1.不知道有设施　　2.不会用　　　　3.人多报不上名

4.内容不感兴趣　　5.交通不便　　　6.花费较高

7.时间不合适　　　8.设施经常不开放　9.其他

C3.请根据您对实际情况的了解,认真填写下表

文化设施	0=无;1=有;2=不知道	数量/个
C3-1 村社综合文化服务中心		
C3-2 村社图书室(农家书屋)		
C3-3 村社广播电视信号		
C3-4 村社通互联网		
C3-5 村社文化广场、公园		
C3-6 村社公共体育场馆		
C3-7 村社体育健身器材		
C3-8 村社老年活动场所		
C3-9 村社儿童游乐场所		
C3-10 村社庙宇/祠堂等仪俗场所		

C3-12 您经常使用以上哪些设施_____　您最希望政府修建哪些文化设施_____【至多选3项】

C3-13 影响您使用以上设施的主要原因是_____【至多选3项】

1.不知道有设施　　2.不会用　　　　3.人多报不上名

4.内容不感兴趣　　5.交通不便　　　6.花费较高

7.时间不合适　　　8.设施经常不开放　9.其他

4.公共文化服务活动开展情况

D1.您从本地的公共文化机构是否获得以下服务内容

公共文化服务	0=无; 1=有; 2=不知道	是否免费 0=否;1=是 2=不知道	获得地点(可多选) 1=本村;2=本乡;3=本镇
D1-1 图书报刊免费借阅			
D1-2 收听广播			

续表

公共文化服务	0=无；1=有；2=不知道	是否免费 0=否；1=是 2=不知道	获得地点(可多选) 1=本村；2=本乡；3=本镇
D1-3观看电视			
D1-4观看文艺演出			
D1-5观看电影			
D1-6参观博物馆			
D1-7参观美术馆			
D1-8参加健身活动			
D1-9参加科学技术培训			
D1-10参加实用技能培训			
D1-11参加普法宣传培训			

D1-12 请选出3项以上您最希望获得的服务

D2.您从本地的公共文化机构是否获得以下县级专项服务

专项服务	0=无；1=有；2=不知道
D2-1为中小学生提供精品电子书	
D2-2为中小学生提供网络精品公开课	
D2-3为学龄前儿童发放阅读书包	
D2-4为学龄前儿童提供阅读指导	
D2-5举办文化艺术普及活动	
D2-6送地方戏到农村	
D2-7文化志愿者服务工程(春雨、阳光等)	

D3.您所在地区是否组织优秀文化作品的民族语言译制_____

0.否　　1.是

D4.您所在地区是否支持民族文化产品创作_____

0.否　　1.是

D5.您所在地区是否开展民族文艺表演_____

0.否　　1.是

D6.您所在地区是否开展民族体育活动_____

0.否　　1.是

D7.针对留守儿童

项目	有请打√	项目	有请打√	项目	有请打√
D7-1 儿童读物		D7-4 游乐设施		D7-7 与外出打工父母视频	
D7-2 艺术培训		D7-5 文体比赛		D7-8 其他	
D7-3 科普活动		D7-6 爱国教育		D7-9 以上均无	

D8.针对留守妇女

项目	有请打√	项目	有请打√	项目	有请打√
D8-1 计生宣传		D8-3 文艺活动		D8-5 其他	
D8-2 心理咨询		D8-4 技能培训		D8-6 以上均无	

D9.针对老年人

项目	有请打√	项目	有请打√	项目	有请打√
D9-1 健身活动		D9-3 戏曲演出		D9-5 其他	
D9-2 养生知识		D9-4 老年读物		D9-6 以上均无	

D10.针对残疾人

项目	有请打√	项目	有请打√	项目	有请打√
D10-1 无障碍设施		D10-3 有声读物		D10-5 其他	
D10-2 盲文图书		D10-4 实用技术培训		D10-6 以上均无	

D11.针对返乡农民工

项目	有请打√	项目	有请打√
D11-1 就业创业辅导		D11-3 其他	
D11-2 职业技能培训		D11-4 以上均无	

5.居民服务需求及满意度情况

E1.政府提供公共文化服务过程中,是否搜集群众需求? _____

0.否　　1.是　　2.不知道

E2.您通过什么渠道向政府反映您的文化需求? _____【可多选】

1.写信　2.打电话　　3.互联网　　4.当面诉说　5.其他

E3.政府提供公共文化服务过程中,是否采纳群众需求? _____

0.完全不采纳　　1.部分采纳　2.全部采纳　3.不知道

E4.请您对当地政府提供的公共文化服务满意情况做出评价(请用1到5之间的数字评价,请逐一选择,在相应的数字上打√)

	非常不满意	不满意	满意	很满意	非常满意	不知道
1.图书馆(室)/农家书屋	1	2	3	4	5	0
2.通广播电视	1	2	3	4	5	0
3.通互联网	1	2	3	4	5	0
4.放映电影	1	2	3	4	5	0
5.送地方戏	1	2	3	4	5	0
6.文化服务设施免费开放	1	2	3	4	5	0
7.体育锻炼设施免费开放	1	2	3	4	5	0
8.组织各类文体讲座培训	1	2	3	4	5	0
9.为残疾人配备无障碍设施	1	2	3	4	5	0
10.总体满意度	1	2	3	4	5	0

E5.如果您对上述公共文化服务存在不满意,那么主要原因是什么? _____【至多选3项】

1.内容不满足自己的需求　2.服务数量不够　3.花费太大

4.服务时间太短　　5.服务态度不好　6.服务的交通不便

7.参与了也没实际用处　　8.其他_____

附录2 贫困地区公共文化服务均等化发展访谈提纲

———:

您好！我们是西南大学公共文化研究中心课题组，我们正在进行一项关于基本公共文化服务的社会调查，拟通过调研访谈来了解我国贫困地区基本公共文化建设情况，更好地推进公共文化服务体系建设，提高公共文化服务效能，促进贫困地区基本公共文化服务均等化，特请您在此发表有关意见。您的意见和建议将作为我国出台和完善相关政策的参考。

本次调查结果将会严格保密。

感谢您的大力支持！

西南大学课题组

2017年7月

一、访谈对象

受访贫困县文化委（文体局或文广新局或旅文局）、图书馆、文化馆、博物馆、乡镇文化站、村社综合文化服务中心主要负责人。

二、访谈目的

深入了解贫困地区政府开展和群众参与公共文化服务的情况，全面掌握受访地区公共文化服务面临的主要问题及其成因。

三、访谈时间

2017年7—8月

四、访谈内容

1.受访部门或机构目前的基本情况及公共文化服务的管理运行机制;

2.受访部门或机构针对公共文化服务出台的主要政策文件及其制定过程;

3.受访部门或机构开展公共文化服务活动情况,当地群众参与公共文化服务活动情况;

4.受访地区群众对公共文化服务的评价和反馈渠道、机制建设情况;

5.受访地区开展公共文化服务活动面临的主要困难、采取的主要措施;

6.受访地区公共文化服务引入社会力量参与情况、障碍、原因及对策;

7.受访部门或机构开展公共文化服务的技术支撑、软硬件水平、基础设施情况;

8.受访部门或机构开展公共文化服务的经费支撑、人才队伍情况;

9.为提高公共文化服务效能,受访部门或机构当前迫切需要哪些支持。

参考文献

外文文献类

[1]Lars Håkonsen, Knut Løyland. Local government allocation of cultural services[J]. Journal of Cultural Economics, 2016(4).

[2]Jing Y. Outsourcing in China: An exploratory assessment[J]. Public Administration and Development, 2008(2):119-128.

[3]Joseph A E, Bantock P R . Measuring potential physical accessibility to general practitioners in rural areas: A method and case study[J]. Social Science & Medicine, 1982(1):85-90.

[4]Kerslake E, Kinnell M . Public libraries, public interest and the information society: theoretical issues in the social impact of public libraries[J]. Journal of Librarianship and Information Science, 1998(3):159-167.

[5]Louis C, G. Public Service and Democracy: Ethical Imperatives for the 21st Century[M]. New York: Chatham House Publishers, 1998.

[6]Luo R, Zhang L, Huang J, et al. Elections, fiscal reform and public goods provision in rural China[J]. Journal of Comparative Economics, 2007 (3):583-611.

[7]Savas E, S. Privatization and Public-Private Partnerships[M]. Seven Bridges Press, 2002.

[8]Savas E, S. Privatization: the Key to Better Government[M].Chatham, NJ: Chatham House, 1987.

[9]Verheim A . Social capital and public libraries: The need for research [J]. Library & Information Science Research, 2007(3):416-428.

[10]Wagar R. The invention of Culture[M].Chicago: University of Chicago Press, 1981.

[11]Zhang M , Sun J . Outsourcing in Municipal Governments experiences from the Unites States and China [J]. Public Performance & Management Review, 2012(4):696-726.

[12]Xiaobo Zhang, Shenggen Fan. Public investment and regional inequality in rural China[J]. Agricultural Economics,2004(2).

[13]Xiaobo Zhang, Shenggen Fan, Linxiu Zhang, et al. Local governance and public goods provision in rural China. 2003, 88(12):2857-2871.

[14]Zhang, Y..The formation of public-private partnerships in China: An institutional perspective (Article) [J]. Journal of Public Policy. 2015, Vol. 35 (No.2):329-354.

[15]Zhu X , Jiao Q ."New Public Management"in China at the Local Level: Competition-Driven Local Public Service Reform in Tianjin[J].Journal of Local Self-Government,2012,10(2):153-170.

学术著作类

[1][澳]约翰·哈特利.文化研究简史[M].季广茂,译,北京:金城出版社,2008.

[2]牛津现代英汉双解词典[M].北京:外语教学与研究出版社,2003.

[3][英]亚当·斯密.国富论(上册)[M].谢祖钧,译,北京:中华书局,2012.

[4]齐勇锋.中国文化发展战略与公共财政研究[M].北京:中国经济出版社,2014.

[5]任强.公共服务均等化问题研究[M].北京:经济科学出版社,2009.

[6]现代汉语词典(2002年增补本)[M].北京:商务印书馆,2002.

[7][美]约翰·罗尔斯.正义论(修订版)[M].何怀宏,等译,北京:中国社会科学出版社,2009.

[8][加]凯·尼尔森.平等与自由:捍卫激进平等主义[M].傅强,译,北京:中国人民大学出版社,2015.

[9][美]保罗·萨缪尔森,威廉·诺德豪斯.经济学[M].萧琛,等译,北京:人民邮电出版社,2008.

[10]陈天祥.新公共管理:政府再造的理论与实践[M].北京:中国人民大学出版社,2007.

[11][美]戴维·奥斯本,特德·盖布勒.改革政府:企业家精神如何改革着公共部门[M].周敦仁,等译,上海:上海译文出版社,2006.

中文期刊类

[1]王国炎,汤忠钢.文化概念界说新论[J].南昌大学学报(人文社会科学版),2003(02).

[2]庄丽娟.服务定义的研究线索和理论界定[J].中国流通经济,2004(09).

[3]冯俊,张运来,崔正.服务概念的多层次理解[J].北京工商大学学报(社会科学版),2011(02).

[4]齐勇锋,李平凡.完善公共文化服务体系提高国家文化软实力[J].中国特色社会主义研究,2012(1).

[5]公共文化立法课题组,范周.创新驱动公共文化服务体系现代化探析[J].现代传播(中国传媒大学学报),2015(05).

[6]柯平,朱明,何颖芳.构建我国基本公共文化服务体系研究[J].国家图书馆学刊,2015(02).

[7]陈昊琳.基本公共文化服务:概念演变与协同[J].国家图书馆学刊,2015(02).

[8]王洛忠,李帆.我国基本公共文化服务:指标体系构建与地区差距测量[J].经济社会体制比较,2013(01).

[9]柯平,宫平,魏艳霞.我国基本公共文化服务研究评述[J].国家图书馆学刊,2015(02).

[10]马雪松.回应需求与有效供给:基本公共文化服务体系建设的制度分析[J].湖北社会科学,2013(10).

[11]罗熙鸣,陈思嘉,何英蕾,徐剑.广东省基本公共文化服务标准体系研究[J].标准科学,2016(06).

[12]张桂琳.论我国公共文化服务均等化的基本原则[J].中国政法大学学报,2009(05).

[13]唐亚林,朱春.当代中国公共文化服务均等化的发展之道[J].学术界,2012(05).

[14]刘志宽,连海燕.基本公共文化服务均等化的理论溯源[J].产业与科技论坛,2013(03).

[15]张雅琪,李菲,张蕎允,苏福.基本公共文化服务均等化视角下公共图书馆非独立现象研究[J].国家图书馆学刊,2017(05).

[16]胡税根,宋先龙.我国西部地区基本公共文化服务均等化问题研究[J].天津行政学院学报,2011(01).

[17]陈立旭.推动基本公共文化服务均等化[J].浙江社会科学,2011(12).

[18]时涛,胡叕,闫月霞,张彦凤.我国基本公共文化服务省区差异及空间格局[J].知识管理论坛,2014(06).

[19]傅才武,张伟锋.基本公共文化服务均等化研究——模型构建与实证分析[J].图书馆杂志,2018(08).

[20]高伟华.我国基本公共文化服务的地区差异分析[J].福建行政学院学报,2010(02).

[21]陈旭佳.效果均等标准下基本公共文化服务均等化研究[J].当代经济管理,2016(11).

[22]顾金喜,宋先龙,于萍.基本公共文化服务均等化问题研究——以区域间对比为视角[J].中共杭州市委党校学报,2010(05).

[23]王毅,柯平,孙慧云,刘子慧.国家级贫困县基本公共文化服务均等化发展策略研究——基于图书馆和文化馆评估结果的分析[J].国家图书馆学刊,2017(05).

[24]肖希明,完颜邓邓.以公共数字文化资源整合促进基本公共文化服务均等化[J].图书馆,2015(11).

[25]张雅琪,李菲,张薷允,苏福.基本公共文化服务均等化视角下公共图书馆非独立现象研究[J].国家图书馆学刊,2017(05).

[26]马新艳.高校图书馆与城乡基本公共文化服务均等化建设[J].图书馆学刊,2012(08).

[27]陈媛媛,柯平.基本公共文化服务均等化驱动因素研究[J].图书馆,2019(03).

[28]柯平,邹金汇,李梦玲,胡银霞.基本公共文化服务均等化的合理价值取向研究[J].国家图书馆学刊,2017(05).

[29]申伟宁,马斌,袁硕.以标准化建设助推京津冀区域基本公共文化服务均等化[J].河北经贸大学学报(综合版),2018(03).

[30]何英蕾,陈思嘉,罗熙鸣.以标准化推进基本公共文化服务均等化的实证研究——以广东省为例[J].标准科学,2019(02).

[31]张启春,范晓琳.以标准化示范促进基本公共服务均等化——基于H省G县基本公共文化服务标准化示范实践的分析[J].湖北行政学院学报,2017(06).

[32]杨智慧,张芳蕊,张伯男.公共文化服务标准化与均等化的辩证关系[J].佳木斯大学社会科学学报,2015(04).

[33]田晓平.以标准化促进基本公共服务均等化[J].中国质量与标准导报,2019(04).

[34]傅强.平等正义论对公平正义论原则的互镜、批判与重建[J].中共济南市委党校学报,2009(02).

[35]胡守勇.深度贫困地区公共文化服务效能建设的困境及其破解[J].中州学刊,2019(09).

[36]吴江,申丽娟,魏勇.贫困地区公共文化服务均等化:政策演进、效能评价与提升路径[J].西南大学学报(社会科学版),2019(05).

[37]侯林.如何保障贫困地区的公共文化服务建设不掉队[J].人民论坛,2019(16).

[38]梁立新.精准扶贫情境下贫困地区公共文化服务精准识别研究[J].浙江学刊,2017(01).

[39]陈前恒,方航.打破"文化贫困陷阱"的路径——基于贫困地区农村公共文化建设的调研[J].图书馆论坛,2017(06).

[40]边晓红.贫困地区公共文化供给侧改革:观念构建与价值选择[J].图书馆论坛,2016(10).

[41]易柳,张少玲.农村基本公共服务均等化:深度贫困治理的机遇与挑战[J].湖北民族学院学报(哲学社会科学版),2019(04).

硕博论文类

[1]王鹤云.我国公共文化服务政策研究[D].北京:中国艺术研究院,2014.

[2]张艳蓉.云南省基本公共服务均等化的水平测度与实证研究[D].北京:中国财政科学研究院,2019.

[3]徐海晴.新时代农村公共文化服务供需失衡问题研究[D].南昌:南昌大学,2019.

[4]王书磊.农村公共文化服务供给现状及提升对策研究[D].济南:山东大学,2019.

[5]李雪晴.江苏省公共文化服务体系建设研究[D].南京:东南大学,2018.

[6]陈思宇.乡镇政府公共文化服务能力提升策略研究[D].长沙:湘潭大学,2019.

[7]余炳江.少数民族地区贫困农村文化建设实证研究[D].济南:山东大学,2019.

[8]袁锦贵.我国公共服务资源的行政区层级配置空间格局及影响机制研究[D].上海:华东师范大学,2019.

[9]许秦田.文化资本视角下优化乡村公共文化服务:动因、空间、策略[D].长沙:湖南师范大学,2017.

[10]肖蒙.我国贫困地区公共文化服务体系建设研究[D].济南:山东财经大学,2016.

政策文本类

[1]拜泉县人民政府办公厅.拜泉县国民经济和社会发展第十二个五年规划纲要[Z].2015-04-15.

[2]拜泉县文化广电体育局.拜泉县文化广电体育局"双随机"抽查监管实施细则[Z].2016-12-01.

[3]保靖县文化旅游广电局.关于公布保靖县公共文化服务目录的通知[Z].2019-05-24.

[4]城口县文化体育局.城口县公共文化精准扶贫实施方案[Z].2015-08-27.

[5]丰都县人民政府办公室.关于印发丰都县进一步激发社会领域投资活力实施方案的通知[6Z].2017-11-29.

[7]丰都县人民政府办公室.关于印发丰都县文艺精品创作扶持暂行办法的通知[Z].2019-03-25.

[8]丰都县人民政府办公室.关于做好公共服务事项清理及标准化工作的通知[Z].2018-08-03.

[9]凤凰县旅文局.2016年凤凰县"三区"人才支持计划工作方案[Z].2016-07-07.

[10]凤凰县旅文局.关于开展2017年度"三区"人才支持计划文化工作者工作通知[Z].2018-03-05.

[11]奉节县文广新局.奉节县历史文化名镇名村及文物单位保护工作实施方案[Z].2014-08-19.

[12]甘南县人民政府办公室.关于印发2019年政府工作报告任务分解表的通知[Z].2019-3-14.

[13]国家发展和改革委员会等.加大力度推动社会领域公共服务补短板强弱项提质量促进形成强大国内市场的行动方案[Z].2012-02-19.

[14]国家统计局.关于印发《文化及相关产业分类(2018)》的通知[Z].2018-04-02.

[15]国家统计局.文化及相关产业分类(2018)[Z].2018-05-09.

[16]国务院.国务院关于印发"十三五"推进基本公共服务均等化规划的通知[Z]. 2017-01-23.

[17]国务院.国务院办公厅关于保持基础设施领域补短板力度的指导意见[Z].2018-10-11.

[18]国务院.国务院办公厅关于推进基层综合性文化服务中心建设的指导意见[Z].2015-10-20.

[19]国务院.国务院关于印发"十三五"推进基本公共服务均等化规划的通知[Z].2017-01-23.

[20]国务院.国务院关于印发国家基本公共服务体系"十二五"规划的通知[Z].2012-07-11.

[21]国务院.国务院关于印发国家基本公共服务体系"十二五"规划的通知[Z]. 2012-07-11.

[22]国务院.政府工作报告[Z].2019-03-05.

[23]国务院办公厅.国务院办公厅关于推进基层综合性文化服务中心建设的指导意见[Z].2015-10-02.

[24]国务院办公厅.国务院办公厅关于保持基础设施领域补短板力度的指导意见[Z]. 2018-10-31.

[25]海伦市人民政府办公厅.关于公布第五批县级非物质文化遗产名录的通知[Z]. 2018-06-25.

[26]海原县人民政府办公室.关于印发海原县村综合文化服务中心管理暂行办法的通知[Z]. 2017-11-27.

[27]黑龙江省人民政府办公厅.关于打赢脱贫攻坚战的实施意见[Z].2016-01-15.

[28]黑龙江省人民政府办公厅.关于政府向社会力量购买服务的实施意见[Z]. 2014-06-16.

[29]黑龙江省人民政府办公厅.黑龙江省人民政府办公厅关于印发黑龙江省推进基层综合性文化服务中心建设实施方案的通知[Z]. 2017-02-13.

[30]黑龙江省文化厅.关于公布第三批省级公共文化服务体系示范

区创建资格名单的通知[Z]. 2018-01-18.

[31]黑龙江省文化厅.关于加快构建现代公共文化服务体系的实施意见[Z]. 2015-10-20.

[32]黑龙江省文化厅.黑龙江省"十三五"时期贫困地区公共文化服务体系建设工作方案[Z]. 2016-08-13.

[33]黑龙江省文化厅.实施"百万文化能人培训工程"打造公共文化服务生力军[Z]. 2017-04-21.

[34]黑龙江省文旅厅.关于举办黑龙江省第二届"美丽家园 幸福生活"社区文化艺术节的通知[Z]. 2019-04-09.

[35]黑龙江省政府办公厅.关于印发黑龙江省推进基层综合性文化服务中心建设实施方案的通知[Z]. 2016-09-30.

[36]湖南省人民政府办公厅.湖南省现代公共文化服务体系示范区创建工作方案[Z]. 2015-06-15.

[37]湖南省省文化厅、财政厅新闻出版广电局、体育局.关于做好政府向社会力量购买公共文化服务工作的实施意见[Z]. 2016-01-12.

[38]湖南省委办公厅、湖南省人民政府办公厅.关于加快构建现代公共文化服务体系的实施意见[Z]. 2015-09-29.

[39]湖南省委办公厅、湖南省人民政府办公厅.关于开展公共文化事业建设考评工作的通知[Z]. 2012-08-28.

[40]湖南省文化和旅游厅.关于加快推进"湖南公共文旅云"省级平台应用推广的通知[Z]. 2019-06-20.

[41]湖南省文化和旅游厅.湖南省现代公共文化服务体系建设三年行动计划[Z]. 2018-12-11.

[42]湖南省文化厅."十三五"时期繁荣群众文艺发展的实施意见[Z]. 2017-08-04.

[43]湖南省文化厅.关于开展县级文化馆图书馆总分馆制建设试点工作的实施方案[Z]. 2018-06-19.

[44]湖南省文化厅.关于推进县级文化馆图书馆总分馆制建设的实施意见[Z]. 2017-06-19.

[45]宁夏回族自治区人民政府办公厅.关于加快构建现代公共文化服务体系的实施意见[Z]. 2015-10-14.

[46]宁夏回族自治区人民政府办公厅.关于进一步加强文物安全工作的实施意见[Z]. 2018-01-12.

[47]宁夏回族自治区人民政府办公厅.关于印发宁夏公共文化服务体系"十三五"建设规划的通知[Z]. 2017-02-14.

[48]宁夏回族自治区人民政府办公厅.关于印发宁夏回族自治区完善促进消费体制机制工作方案(2019年—2020年)的通知[Z]. 2019-09-24

[49]宁夏回族自治区人民政府办公厅.关于印发推进全区基层综合性文化服务中心建设实施方案的通知[Z]. 2016-06-01.

[50]宁夏回族自治区文化和旅游厅.关于推进县级文化馆图书馆总分馆制试点的通知[Z]. 2018-07-20.

[51]宁夏回族自治区文化和旅游厅.关于做好2018—2019年度标准化乡镇综合文化站建设的通知[Z]. 2018-10-19.

[52]彭阳县文广局.关于加强乡镇政府服务能力建设的实施方案[Z]. 2018-06-29.

[53]平江县人民政府办公室.关于印发《平江县政府购买服务管理(试行)办法》的通知[Z]. 2015-12-28.

[54]平江县文广新局.平江县文化事业"十三五"发展规划提纲[Z]. 2017-05-23.

[55]饶河县人民政府办公室:关于印发饶河县2017年广播电视扶贫工作实施方案的通知[Z]. 2017-09-30.

[56]石柱县人民政府.关于进一步加强文物保护利用管理工作的实施意见[Z]. 2016-08-31.

[57]同心县文化旅游体育广电局.同心县图书馆免费开放工作实施方案[Z].2015-04-07.

[58]同心县文化旅游体育广电局.同心县政府向社会力量购买公共文化服务工作的实施意见[Z]. 2016-09-06.

[59]文化部、国务院农民工工作领导小组办公室、全国总工会.关于

进一步做好为农民工文化服务工作的意见[Z].2016-03-17.

[60]文化部、新闻出版广电总局、体育总局、发展改革委、财政部.关于印发《关于推进县级文化馆图书馆总分馆制建设的指导意见》的通知[Z].2016-12-29.

[61]文化部."十三五"时期繁荣群众文艺发展规划[Z].2017-05-04.

[62]文化部."十三五"时期全国公共图书馆事业发展规划[Z].2017-07-07.

[63]文化部."十三五"时期文化发展改革规划[Z].2017-02-23.

[64]文化部.文化部"十三五"时期文化科技创新规划[Z].2017-04-26.

[65]文化部.关于戏曲进乡村的实施方案[Z].2017-05-10.

[66]文化部等.关于做好政府向社会力量购买公共文化服务工作的意见[Z].2015-05-05.

[67]文化部.文化部社会组织管理暂行办法[Z].2013-12-18.

[68]文化部."十三五"时期文化扶贫工作实施方案[Z].2017-05-25.

[69]文化部.文化部"十二五"时期公共文化服务体系建设实施纲要[Z].2013-01-21.

[70]文化和旅游部财政部.关于在文化领域推广政府和社会资本合作模式的指导意见[Z].2018-11-13.

[71]文化和旅游部办公厅.公共数字文化工程融合创新发展实施方案[Z].2019-04-16.

[72]原州区政府办.关于印发原州区创建国家公共文化服务体系示范区建设规划（2018-2020)的通知[Z].2019-01-05.

[73]中共中央、国务院.关于打赢脱贫攻坚战的决定[Z].2015-11-29.

[74]中共中央.中共中央关于坚持和完善中国特色社会主义制度 推进国家治理体系和治理能力现代化若干重大问题的决定[Z].2019-11-05.

[75]中共中央办公厅、国务院办公厅.关于加快构建现代公共文化服务体系的意见[Z].2015-01-14

[76]中共中央办公厅、国务院办公厅.国家"十三五"时期文化发展改革规划纲要[Z].2017-05-07.

[77]中共中央、国务院.关于建立健全城乡融合发展体制机制和政策体系的意见[Z]. 2019-04-15.

[78]中宣部、文化部等.关于深入推进公共文化机构法人治理结构改革的实施方案[Z]. 2017-08-31.

[79]重庆市人民政府办公厅.关于印发推进基层综合性文化服务中心建设实施方案的通知[Z]. 2016-04-25.

[80]重庆市人民政府办公厅.重庆市人民政府办公厅关于做好政府向社会力量购买公共文化服务工作的通知[Z]. 2015-09-23.

[81]重庆市文化旅游委.重庆市公共图书馆服务规范(修订版)[Z]. 2019-07-16.

[82]重庆市文化旅游委.重庆市国有博物馆服务规范[Z]. 2019-07-15.

[83]重庆市文化旅游委.重庆市文化馆服务规范(修订版)[Z]. 2019-07-16.

[84]重庆市文化委.关于促进非国有博物馆发展的意见[Z]. 2018-01-23.

[85]重庆市文化委.重庆市公共图书馆服务规范[Z]. 2017-11-01.

[86]重庆市文化委.重庆市文化馆服务规范(试行)[Z]. 2017-11-01.

[87]重庆市文化委.重庆市国有美术馆服务规范[Z]. 2017-11-01.

后 记

"促进基本公共文化服务标准化均等化"是党的十八届三中全会提出的重大命题。在我国,实现基本公共文化服务均等化的一个难点在于提高贫困地区的基本公共文化水平。我多次到贫困地区调研,深切地感受到贫困地区由于经济社会发展水平的落后,在基本公共文化服务上面临起点低、基础设施薄弱、投入相对不足的困境,与发达地区的差距在不断扩大之中。正是基于这一思考,我组织了由西南大学公共文化研究中心、政治与公共管理学院师生组成的研究团队,在我国连片特困地区中抽取了重庆、湖南、黑龙江与宁夏四个省份的八个贫困县(区)作为观察点进行了系统的调查、座谈、走访与问卷调查。与数百名从事公共文化相关的机关干部、基层乡镇、村社干部和村民进行交谈,获得了大量的一手资料,也为书稿的撰写提供了翔实的资料数据作为支撑。

本书的完成绝非一日之功,一己之力。在本书撰写的过程中,我们得到了文化部公共文化司、西南大学、各界朋友的关心和大力支持。我特别要感谢西南大学公共文化研究中心、西南大学国家治理学院、西南大学公共事务与基层治理研究中心给我们提供了跨学科研究的平台,感谢调研期间重庆、湖南、黑龙江与宁夏四个省(自治区、直辖市)的八个贫困县(区)各单位的大力支持。研究团队的每一位成员都付出了大量心血。吴江、王斌、魏勇设计了调研方案、调研问卷和访谈提纲,孙道进教授、王斌教授、魏勇副教授、马凤鸣副教授、吴建国教授、李梦竹博士以及硕士研究生熊仕刚、李成隆、周建伶、宋颖、何玗璠、覃辉鸿分别参与了调研、资料的收集整理及调研报告写作等工作。在上述工作基础上撰写本书,本书的写作分工如下:西南大学吴江负责拟定全书的章节框架,撰写第一章、第六章(与西南大学宋颖、蔡操合著)和第八章,并对全书进行最后修改定稿;西南大学李梦竹撰写第二章、第三章(与重庆电子工程职业学院吴卿昊合著)和第七章;重庆电子工程职业学院吴卿昊撰写第三章(与西南大学李梦竹合著);西南大学宋颖撰写第四章、第六章(与西南大学吴江、蔡操合著);西南大学魏勇撰写第五章、编制调研问卷和访谈提纲;西南大学蔡操撰写第六章(与西南大学吴江、宋颖合著)。在此,对大家的辛勤劳动致以深深的谢意。

尽管本书撰写告一段落,但学者的使命远远没有完成,我们将继续以习近平新时代中国特色社会主义思想为指导,以实现基本公共文化服务均等化目标为牵引,以前瞻性、整体性的思考,为我国公共文化服务体系建设和基本公共文化服务均等化的实现贡献更多研究成果。

我们深知,由于主客观条件的限制,本书还存在一些不足,亟待在后续研究中进一步深化与完善。相关研究成果仅供同行及从事公共文化相关工作的实务部门参考。同时,由于作者力有不逮,在书稿撰写过程中难免存在疏漏之处,真诚欢迎各位读者批评指正。

吴 江

2020年2月2日于西南大学黄树村